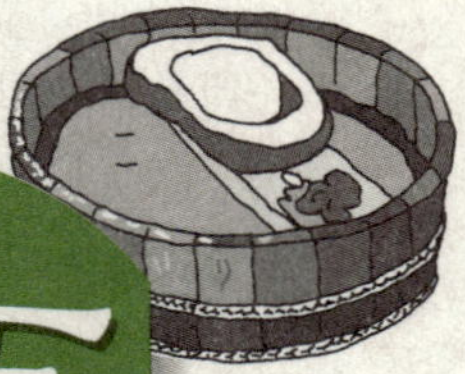

百人の天職一芸

●文
岡田　稔
Minoru Okada

●イラスト
茶畑和也
Kazuya Chabata

風媒社

はじめに

岡田　稔

今こうして改めて振り返ってみても、百人の人々の顔が、その場所が、あの季節が、そして交わした言葉が、その時の息遣いまでもが、まるで昨日のことのように浮かんでは消えてゆく。

本書は時を同じくして、昭和の半ばに生まれた一人の絵描きと一人の物書きが、まるで「生まれ育った昭和の時代へ、ふらりと帰ってみたい」、そんな想いを託して、失われゆく昭和の欠片を切り取ろうと願うことから始まった。

今ほど便利ではない。今ほど豪華な食べ物もない。しかし確かに昭和には、誰にも平等な明日への希望と、今日を必死で生き抜く力があった。

本書を手にするあなたには、ぼくらの愛してやまない昭和の風景が、果たしてどう映ることだろう。ひたむきに生き抜く百人の天職人の生き様は、どんな意味を持ってあなたに語りかけるのだろう。失われゆく昭和という時代へ、本書を繰りながら想いを馳せていただければ、何よりの幸せである。

一期一会。まさに、この企画がなければ、ぼくらはこんなにも素敵な百人の先達《せんだつ》と、出逢わないで一生を終えたことだろう。そう想うたび、この機会を与えて下さった、毎日新聞中部本社編集局の関係各位に、心からお礼を申し上げたい想いで一杯になる。

百通りの職と、百通りの人生。そして百通りの飾らない言霊《ことだま》。無位無冠。ただひたすら、眼の前に迫り来る人生と向き合い、逃げることなく駆け抜けた、百人の天職人《てんしょくびと》。

しかし無念にも、本書の出版を心待ちにしながら、深い眠りに就かれた方もある。「ありがとうございました。どうか安らかに、そしてゆっくりとお休み下さい。本当にお疲れ様でした」。そう心から祈るしか術がない。一人に一つ、分け隔てなく与えられた天職一芸。「あなたと巡り逢えて、本当に良かった」。

神は見事なまでに、それぞれに素晴らしい人生を、用意されていた。どの人にも分け隔てなく、一人に一つずつ。「参りました！」と、思わずを頭《こうべ》を垂れたくなるほど、人生に、職に、家族への愛に達観した、何の気負いもない言の葉が百人の口を吐《つ》いて飛び出した。きっと何度となく心の中で、繰り返しつぶやいて来られた言葉だったのだろう。時には自分を、奮い立たせるために。またある時は、世と人を逆恨みしない為の、呪文のように。

「百人百様の言の葉を、紡ぎ合わせてみろ」。拙い文綴りのぼくを承知で、神は敢えてそう仰ったのかも知れない？

その答えは、永遠にわからない。

ただ、一期一会の感謝を胸に、次の天職人を探して、再びぼくらは旅を続けることだろう。「あなたと巡り逢えて、本当によかった」。これからもそう、心の中で繰り返しながら。

百人の天職一芸　もくじ

郷土玩具

吉良赤馬　職人の命を授ける天日干し（愛知県西尾市）

桐粉《きりこ》捏《ひ》ねれば　背の子もぐずる
乳恋しいと　泣きじゃくる

子守唄なら　十八番《おはこ》のはずが
赤馬細工にゃ　気も抜けぬ

秘伝の細工　受け継ぐ今日も
吉良の港に　あかね雲

今年は吉良の領主、吉良義央《よしなか》公の三百回忌。愛知県吉良町と隣接する西尾市で、三〇〇年に渡って伝統玩具「吉良赤馬」を作り続ける、七代目当主・田中早夜子さん（六四）を、ぼくと茶のオジサンは訪ねた。

約束の時間よりも早めに着いたので、どこぞで昼飯でもと、キョロキョロ。時代がかった「めし」の暖簾が下がる北浜川沿いの家庭的な大衆食堂を見つけた。おかず二品（カキフライ五個とブリ大根）にご飯とシジミの味噌汁、それに自家製の胡瓜の漬物、食後にブレンドコーヒーまでついてたったの五百円ポッキリ。すっかり五百円ランチに気を良くして、田中さんの工房にお邪魔した。

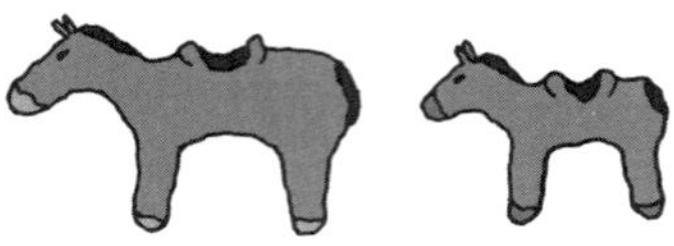

今から三百数十年前、吉良公は農耕用の赤毛馬にまたがり、さっそうと領内巡視にあたった。その凛々《りり》しい領主の姿に里人たちは随喜《ずいき》し、のちのち「吉良の赤馬」と呼ばれるようになり、木彫の玩具赤馬が誕生。その後木彫から、桐の大鋸粉《おがこ》と正麩糊《しょうふのり》を煮て、粘土状にして形成する現在の赤馬となった。

赤馬作り最大の難関は、二カ月に及ぶ陰干しと、その後の半月に及ぶ天日干し。この間に約半分の

作品がひび割れて廃棄されてしまう。六代目・ゆきさんの跡を継いだ早夜子さんは、長女の裕美さん（三十六）に八代目を託す。修行中、早夜子さんは、裕美さんを背中におぶったまま、ゆきさんから叱られ叱られ桐粉を捏《こ》ねた。

「修行中は、なんで私ばかりがこんなことを」と、思ったという早夜子さん。だが今となっては「吉良さんにやらせてもらえとるんだわ」と、素直に口に出るようになったとか。

早夜子さんは、母から受け継いだ抜き型を愛しそうに見つめた。

出版準備の最中《さなか》に、長女の裕美さんから封書が届いた。「まさか、そんな！」。ぼくは祈るように封を開いた。しかし不安は的中。早夜子さんは既に今年三月、子宮癌でこの世を去られていた。本書を手に取って頂くこともないままに。ぼくの部屋の片隅で、早夜子さんの捏《こ》ねた赤馬がぽつり。想わずぼくは両手を合わせた。

魚篭職人

郡上魚篭　消えかける一三〇年の歴史（岐阜県八幡町）

乙姫川《おとひめがわ》に　桜ひとひら
瀬音に揺られ　吉田川
釣り人垂れた　竿先を
かすめて流る　長良川
川面に映える　銀鱗と
飴色焼けした　郡上魚篭

岐阜県八幡町で一三〇年に渡り、郡上魚篭《ぐじょうびく》を作り続ける最後の職人・三代目・嶋数男《しまかずお》さん（八〇）を訪ねた。

川釣りファン垂涎の逸品、郡上魚篭。明治五年（一八七二）、郡上藩士であった嶋長之介尚英《ちょうのすけなおひで》が創始。今でこそ全国一の郡上魚篭だが、尚英は維新の号令で髷《まげ》を落とし、武士を捨て家族を養うために苦渋の選択として魚篭作りを始めた。

魚篭の特徴は、逆さ合掌造りの形状にある。アマゴやイワナを詰め込んでも重さが分散する仕掛けだ。また魚篭の片側に取り付けられた腰板は、釣り人の体温を遮断し傷みの早い川魚を守る。製法は竹の目利きに始まり、切り分けた竹を水桶に浸け込み、天日干しを繰り返してはしなやかな粘りを引き出す。その後、初代考案の木型をあてがい、細長い竹籤《たけひご》を嶋さんの節くれだった指先が、力強く編み込んでゆく。何段か編み込んでは水に浸し、天日干しを繰り返す。

嶋さんは尋常高等小学校を卒業後、戦争が忍び寄る時代に修業を始め、やがて出兵。終戦後復員し、再び二代目の下で魚篭作りを始めた。

「当時は魚篭なんか売れもせん。泥棒の真似だけはせんかったが、乞食同然の時もあったのう」。嶋

さんは先代が遺した木型を見つめた。

しかし八〇年代に入りテレビ番組で取り上げられると、全国各地から嶋さんの魚篭を求め釣り人が訪れた。「職人冥利に尽きるもんやった。遠くから来てくれたのに手ぶらで帰すことはできん」。嶋さんは一日一つのハイペースで魚篭作りに追われた。

しかし六年前、過労がたたり嶋さんは病に倒れた。それからは三日に一つがやっと。「職人はそろばんを持ったらしまいや。ええ魚篭こしらえたら、わしが死んだ後、五〇年でも六〇年でも残るんや」。嶋さんの魚篭は、釣具店にもない。気長に注文の品を待つ、釣り人たちの予約で手一杯だからだ。「もう魚篭もわしの代で終わりや。あと五年くらいかのう。わしが逝《い》く時、注文の魚篭だけはこなしとかんとのう」。

嶋さんはもう弟子を取らないという。一〇年かけて育てる残り時間は、何処《どこ》にもないからだ。

三代続いた一三〇年の郡上魚篭の火は、最後の輝きを放ちながら、確実に今燃え尽きようとしている。

鰤燻製職人

食通を魅了する逸品　黒潮のいぶし（三重県尾鷲市）

ヤサホラエー
誰が謡うか　尾鷲節
熊野古道を
濡らす五月雨

神を訪ねし　昔人《むかしびと》
檜《ひのき》を傘に　雨宿り
八鬼山越えて　続く石段
修験行者の　苦行道

海鳥の　声につられて
振向けば　煙りたゆたう
合ひ物の里
ノンノコサイサイ

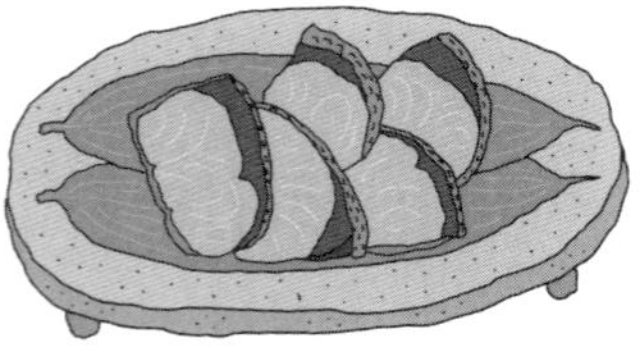

三重県尾鷲市に伝わる、酒盗《しゅとう》の逸品、秘伝・寒ブリの燻製を親子三代に渡って作り続ける三代目当主・大瀬勇喜さん（六八）を訪ねた。

大瀬商店は、ＪＲ尾鷲駅前から港に続く旧道の商店街の一角にあった。自家用車でもやっとの旧道は、商家と民家が支えあって暮らす息遣いを感じさせる。夕餉《ゆうげ》には、家々から味噌汁と炊き立てご飯の香りが立ち込め、尾鷲節でも聞えてきそうな人肌の温もり漂う港町だ。

明治三〇年（一八九七）創業の大瀬商店は、黒潮の恵みで港に揚がる豊富な魚類を、練り製品に加工し販売を続けた。しかし昭和三〇年代に入ると主力の練り製品は徐々に下火に。代替品の開発が求められ、大瀬さんは先代と共に、当時大漁続きだった寒ブリの燻製加工に乗り出した。

燻製に使うブリは、黒潮にもまれ、ほどよく脂も抜けた一〇キログラムほどの高級寒ブリだけ。下準備は、ブリを五枚におろす力仕事。そして天然の粗

塩に、ローレルとタイムなどのハーブを加えて約一〇日間身を締め、一昼夜井戸水にさらし陰干しで水気を切る。その後、燻製室に入れ、こだわりの姥目《うばめ》樫《がし》と櫻のチップで燻煙・風乾を二週間強繰り返す。この手間の入った作業を、三代目と妻の千栄さん（六八）、そして次男の四代目・勇人さん（四二）のたった三人で分担する。

「嫁いだ頃は、買出しの行商さんで、汽車一輌が貸切になるほどやって、練り製品も飛ぶような売れ行きやったんさ」。千栄さんは、昭和三〇年当時を懐かしんだ。時代が四〇年代へうつろうと、食卓の風景は一変。押し寄せる洋食化の波は、伝統の練り製品を駆逐した。

しかし全国には、ブリの燻製の味に魅了された食通も多い。「食の流行はきまぐれ。いつかまた自然食に巡ってくる日もあるやろ。それまでは辛抱して守らんと」。四代目はそうつぶやいて、先代夫婦を見つめた。

津島あかだ

暖簾をささえる六代目　女たちの技（愛知県津島市）

牛頭《ごず》天皇の　御旅所《おたびしょ》跡に
実らぬ雄の　大銀杏
幹に刻みし　古傷は
戦《いくさ》国を偲ぶ　太刀筋《たちすじ》か

社《やしろ》に続く　禰宜《ねぎ》町通り
祝行《はふりゆ》き交う　祝詞《のりと》ごと
天王川を　彩る藤と
講会《こうえ》詣でに　賑うあかだ

愛知県津島神社の門前で、米菓子「あかだ」を作り続ける、あかだ屋清七商店に六代目女将・岡田良子さん（七三）を訪ねた。

二〇〇年前の木製の細長い座卓を前に陣取り、菜種油に染まった割烹着姿の女将の手は、黙々と米粉を棒状に捏《こ》ね続ける。

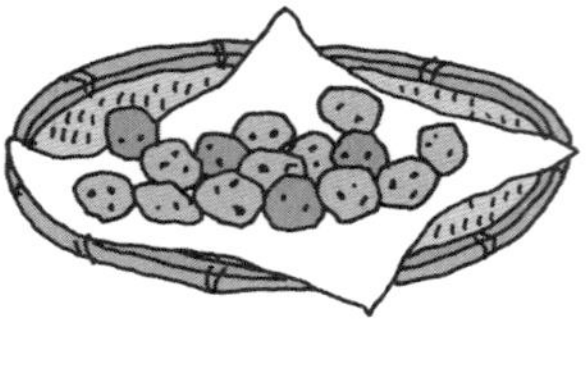

あかだの由来は諸説ある。一つには、弘法大師が津島神社に悪疫退散の祈願を行った際、米団子の油揚げを供えたといわれる。ざっと今から一二〇〇年も前のことだ。後に春秋県《しゅんじゅうあかだ》祭神前の供米《くまい》を製し、油で深揚げした団子を「あかだ」と呼び、社殿詣での参拝者らが疫病避けに求めた。またあかだは阿伽陀とも表される。薬師如来が手にする薬袋《やくたい》の中の丸薬は、梵語で「アキャダ」と呼ばれ、それが訛り「あかだ」とも。

製法は米粉と黒胡麻を熱湯で捏ね上げ、直径一センチメートル、長さ二五センチメートルほどの棒状に固め伸ばす。そして棒状の団子を指先で、やや丸みを帯びた一センチメートル四方くらいの大きさに千切り取る。最後は大鍋に満たした菜種油の中で、五〇分近くかけゆっくりと煮揚げる。

昭和三四年（一九五九）、女将は東京から親兄弟

の猛反対を押し切り、あかだ屋に嫁いだ。津島で評判の、口うるさい姑のもとへ。まだまだ戦前の封建さから抜け出せぬ近所の主婦らは「一週間で尻尾巻いて逃げ帰るに決っとるがね」と噂した。「姑に負けたら泣くしかない。姑を越えてやる」。女将は肝に銘じた。新婚二日目にして、はや先代である姑の手伝いが否応なしに待ち構えていた。釜戸に火を熾《おこ》す当時、姑は四時半起床。嫁はさらに三〇分早起きし、身支度を終え戦闘態勢で挑んだ。女将の負けじ魂は、わずか一年足らずで姑を唸らせた。それから早四〇年。

「でも最後まで、あかだ千切《ちぎ》りだけは姑に勝てませんでした」という女将は、今日も社の門をくぐり、お米と灯明を供え榊に真新しい水を張る。

天保七年（一八三六）の「尾張名物見立番付」で、堂々東の方前頭四枚目を張る「津島あかだ」の暖簾は、昨日も今日も、女たちの千切り取りの指技《しぎ》が支える。

旅館女将

世話焼き女将　もてなしの心技

（岐阜県高山市）

田辺晶子さん（六二）を訪ねた。

高山の町の中央を流れる宮川。鍛冶橋を西へちょいと渡ると、しっとりと落ち着き払った佇《たたず》まいの宿にでくわす。

女将の祖父がそれまで営んだ製糸業の斜陽に見切りをつけ、高山線の開通に合わせ旅館を開業した。創業期はもっぱら、名古屋と北陸を結ぶ商人宿であった。

しかし昭和四五年（一九七〇）、国鉄（現ＪＲ）ディスカバー・ジャパンの掛け声で高山は生れ変わった。「アンアン」「ノンノ」といった雑誌を片手に、若者たちが小京都「飛騨高山」のグラビアに魅了され、心の原風景を求め全国から訪れた。それに伴い、商人宿風情の屏風仕切りの客間は、行政指導もあり個室主体の客間へと変わった。

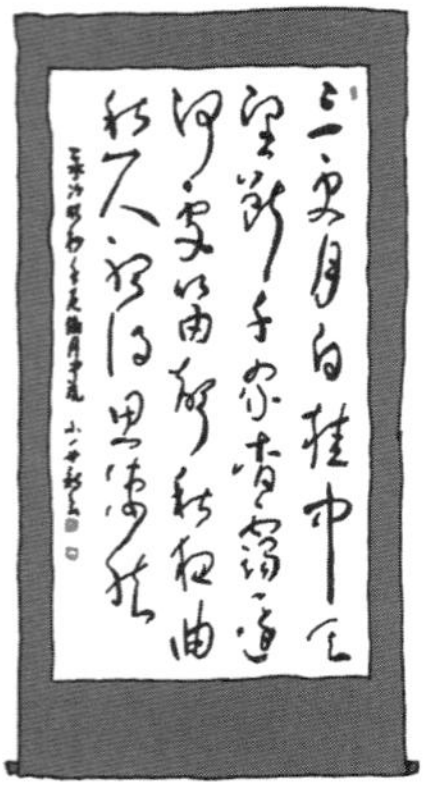

陣屋朝市　売り子の声に
宮川沿いの　葉桜揺れた
昔家《むかしや》並《なみ》に　流す掛け声
黒半纏《くろばんてん》と　車夫の男気

旅の人待つ　軒の打水
叩きを染めし　宿あかり
暖簾くぐりて　框《かまち》に座せば
疲れほどけし　草鞋《わらじ》代わりに

馳走並びて　女将の酌に
湯浴《ゆあ》みし頬も　更に色づく
まずは一献　されば返盃
旅の夜耽《ふけ》る　国分寺宿

岐阜県高山市で、昭和九年（一九三四）の高山本線開通と同時に開業した、田邊旅館に三代目女将・

女将は昭和三七年（一九六二）に結婚。先代の母親について、子育ての傍ら女将修業に明け暮れた。

「三姉妹の長女として生まれた瞬間から、旅館しか知らんと死んで逝くんやろな」。女将は床の間に掛けられた、一幅の書を見やった。それは暇さえあれば筆を走らせたという、父の魂が墨痕に染み出た詩であった。

田邊旅館には、女将の女学生時代から四〇年間、商用で通い続けた客がいた。決って月に一回三連泊し、六〇歳の定年まで続いた。

「とっても器用な方で、襖《ふすま》の立て付けが悪いといっては直してもらい、棚を吊ってもらったり」。女将は当時を懐かしんだ。「ここしばらくお顔を見てません。でも定年後一度だけ奥様をお連れになって」

と、昔話に華が咲いた。

「女将とは、年中無休二四時間、お客様への世話焼きと気遣《きづか》いに明け暮れる事なのよ。やっとこの年にしてわかった気がする」。

恐縮そうに、そう付け添えた。

＊

四〇年、一日千秋の想いで通い詰めたかも知れぬ男心。天性の世話焼き女将と言えども、最後までそれに気付くことはなかった。筆者が心に描いたロマンスは、時の彼方ですれ違った。

牛飼い

天下一松阪牛　目利きの牛飼い

（三重県飯南町）

早苗色づく　深野の棚田
梅雨に打たれて　実を結べ
夜も明けぬのに　牛追う童《わらべ》
茣蓙《ござ》を羽織って　菅《すげ》の笠

五里を下りて　ご城下までは
通いなれたる　道なれど
牛の値踏みに　胸躍りだす
おらが牛なら　天下一

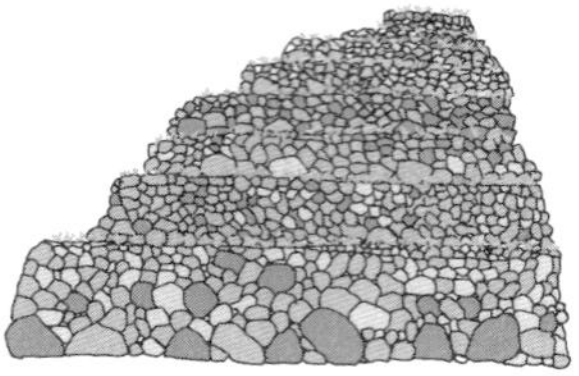

三重県飯南町で天下一の呼び声高い松阪牛に、半世紀を捧げた栃木治郎さん（六九）を訪ねた。伊勢松阪から清流櫛田川を上流へ。白猪山《しらいさん》の裾野に広がる深野の棚田。白猪山に住いし神々が、まるで天に昇る石段のような美しさを秘めていた。

飯南町深野では、昭和の大恐慌以降養蚕が奨励され、村人の中には田畑を売り製糸を始める者もあった。しかしやがて化学繊維が普及。

「あの頃は、皆貧しかった。食うものも食わず、着る物も着やんと。昭和四〇年頃までは電気も点けやんようにしたもんさ。夜の八時になったら、もう村中真っ暗やさ」。栃木さんはほろ苦そうに笑った。

勉強嫌いだったという栃木さんは、一七歳で地元の家畜商へ奉公に上がった。夜も明けやらぬ午前三時に深野を発ち、牛の尻を追い五時間山道を下っては、松阪の牛市場へと毎日通った。晴れの日ならともかく、雨の日は茣蓙を背負った菅笠姿。「牛が売れると帰りは途中まで電車で帰れるんさ。そりゃあ嬉しかったわ」。

ところが稀に牛が売れ残ると、また渋々五時間牛を追い山道を登って村へ戻った。日当五十円、うどん一杯二十円の時代、一年二〇〇日牛の尻ばかりを

見続けた。
栃木さんは三二歳で奉公先を辞した。松阪牛一筋の和田金に、その目利き振りを買われ子牛の買い付けを任されたからだ。和田金は代々、兵庫県美方町産、生後十カ月、雌の但馬牛《たじまぎゅう》をこの地方で三年間手塩にかけて育てる、処女牛だけを求めた。平成三年（一九九一）、栃木さんの「ふくよし号」は、松阪牛品評会で優秀賞一席に選ばれ三千万円の値を付けた。
「背筋がスーッと通り、箱みたいに四角い腹をして、ふくよかな尻してなあ」。牛の尻を追い続けた牛飼いならではの目利きに、敵う者などいなかった。
「牛は食うだけが楽しみやでなあ。綺麗な水と新鮮な藁が一番のご馳走なんさ」。赤毛の子牛が栃木さんにすり寄った。品評会に出す日が今でも一番辛いという。牛も今生《こんじょう》の別れと知り、真っ黒の大きな眼《まなこ》を濡らすからだ。

七宝釉挿し職人

尾張七宝焼　芸術支える匠の連鎖（愛知県七宝町）

一雨毎に　紅深めゆく
鎮守の森の　紫陽花よ
軒の戸板で　白透《しろすけ》はぜた
梅雨の束の間　天日干し

瑠璃《るり》玻璃《はり》瑪瑙《めのう》　七宝荘厳《しちほうしょうごん》
日がな一日　釉《ゆう》を挿す
尾張遠島《とうしま》　業人《わざびと》の里
貴《あて》やかなりし　紫紺釉《しこんゆう》

愛知県七宝町で明治元年（一八六八）創業の尾張七宝窯元、丸喜軒に四代目・林貞加津《さだかず》さん（八三）を訪ねた。

七宝焼は、尾張の国・服部村の梶常吉が江戸末期、オランダ船により持ち込まれた七宝皿を分解し、精巧に真似たことに始まった。梶の技法を現在に受け継いだのが、七宝町遠島の窯元衆だ。窯元たちは試行錯誤を繰り返し、秘伝の釉薬《ゆうやく》を混ぜ合わせ七宝焼の艶《あで》やかさを競った。

七宝製作には、熟練職人たちの技が不可欠だ。極薄銅版で花器などを作り出す素地職人。銅版の下絵を墨書《ぼくしょ》する下絵職人。幅一ミリメートルほどの極薄テープ状の銀線を、立てた状態で下絵に沿って植え込む線付け職人。下絵の輪郭を模《かたど》る、銀線と銀線との細かい隙間に、針ホセで極彩色の釉薬を巧に運ぶ釉挿《ゆうさ》し職人。

「細かい部分は、それこそ息を止めて釉を挿さんとかん」。林さんはホセ先を見つめた。針ホセとは、筆先に針を埋め込んだ筆。「葉っぱは、一枚ずつ色が違うんだわ。陽によう当たるとこは、明るい緑だし、奥まったとこの葉っぱは陰に隠れて黒ずんどるし」と、何十種類もの釉薬が納められた引き出しを開けた。

緑色一つでも、黄葉《きば》・青葉・錆葉《さびは》・萩葉・桜葉色と分かれる。微妙な針ホセ捌《さば》きで何種類もの釉を組み合わせ、絶妙な艶やかさを封じ込めたまま焼き上げる。最後は艶《つや》っぽさを引き出す研《と》ぎ職人が腕を揮《ふる》い、二重屋《にえや》と呼ばれる銀の飾り職人が、剥き出しのままの縁《へり》の銅素地を加工する。

林さんはガダルカナルの戦地から敗戦により引揚げ、三代目の父に付いて七宝焼を始めた。「進駐軍がよう来よったわ。『おい、これと同じもん作ってくれ』って言うもんだで、わしはいっつも『同じもんは出来ん！だけどよう似たもんだったら、出来んこともないわ』と、別に戦争に負けた口惜しさやないぞ」。
七宝は下絵が同じでも、釉薬の配合や焼き加減で、出来は微妙に異なる。だから生きているような艶《なまめ》かしい貴《あて》やかさを宿す。
仕上がりまで約三カ月。職人から職人へ、熟練の眼力を潜り抜けた本物だけが、尾張七宝を冠する美術品となる。
尾張七宝の美は、業人《わざびと》たちの誇り高き匠の連鎖が支えていた。

鵜匠の家 女将

式部職の誇り守れ　陸の上の鵜匠

（岐阜県岐阜市）

金華の裾《すそ》に　篝火《かがりび》揺れた
天守を翳《かす》む　朧月《おぼろづき》
風折烏帽子《かざおりえぼし》　ホウホウと
手縄《たなわ》さばきに　鵜舟《うぶね》駆《か》る

河畔に屈《かが》む　影一つ
浴衣姿の　洗い髪
線香花火　燃え尽きた
長良の夏を　愛《お》しむよに

岐阜市長良川畔で、唯一鵜匠の家として、宮内庁式部職《しきぶしょく》に任ぜられる旅館、すぎ山二代目女将・杉山史《ふみ》さん（五〇）を訪ねた。

鵜飼の歴史は、美濃の古文書によると、今年でちょうど一三〇〇年の節目とか。時々の権力者に庇護され、鵜飼は今日に伝えられた。世襲制を受け継ぐ長良の鵜匠は、明治二三年（一八九〇）から宮内庁式部職鵜匠を任ぜられている。鵜匠頭を筆頭に杉山姓四名、山下姓二名、六名の鵜匠の手縄《たなわ》さばきが、長良の夏の夜を焦がす。

しかし実はもう一人、鵜舟を駆らない陸の上の式部職「鵜匠」がいた。鵜匠の家・すぎ山二代目当主、故杉山貞次氏（享年三九歳）。女将の最愛のご主人だ。鵜匠は世襲制を執るため、現在は旅館の支配人が、長男・貴紀さん（二三）の襲名まで肩代わりを勤める。

女将は瀬戸内生まれ。戦国武将、毛利輝元に仕えた村上水軍の血を引くという。瀬戸の花嫁は、二六歳で長良橋を渡り鵜匠一族に嫁いだ。しかし嫁いで七年目の冬、長良川と鵜飼を愛し続けた夫が、志半ばで散った。式部職鵜匠の務めには、御猟場《ごりょうば》で鵜飼を行い、皇室へ献上するための鮎を捕る御猟日が定

められている。貞次氏は、他の六名の鵜匠とともに宮内庁に上がり、その年の御猟を無事終え報告を済ませた。名古屋へ戻る途中、貞次氏の容態は急変。名古屋の病院で意識を失う直前まで「岐阜に帰らせろ！」と、必死に叫び続けたという。

夫の急を知り、女将は取る物も取らず車に飛び乗った。しかし女将を乗せた車が長良橋を渡り終えたとき、若き陸《おか》の上の式部職「鵜匠」は、鵜飼を終えた篝火《かがりび》のように燃え尽きた。

「この川に今まで、どんだけ喜びや哀しみ、流したやろか」。四歳と一歳の子を抱え、女将は途方に暮れたあの日を振り返った。

瀬戸内から嫁ぎ早二四年。しかし女将の岐阜訛《なま》りには、未だぎこちなさが宿る。春先、海から長良川を遡上する稚鮎。もう一人の陸の上の「鵜匠」は、あと数年で継承されるであろう。しかしそれまでの空白の二〇数年。鮎さながらの人生を送り、長良川を終末の地と定めた、女将の母としての情愛なくしては、支えられ得なかった。

塗師

平成の塗師《ぬし》　妥協しない「わっぱ」づくり（三重県尾鷲市）

神々御座《おわ》す山海の
恵み与えし　尾鷲港
夜も明けやらぬ　入船に
勝鬨《かちどき》挙《あ》がる　初さいろ

海を恐れぬ　男衆
赤い真潮《ましお》が　身に滾《たぎ》る
闇より深い　情愛と
塗師《ぬし》の漆黒《しっこく》　曲げわっぱ

三重県尾鷲市で明治二〇年（一八八七）から続く、尾鷲わっぱ・ぬし熊四代目・世古効史《こうし》さん（四三）を訪ねた。

雨の都尾鷲には、雨の恵みを受け天空を目指す尾鷲檜《ひのき》が聳《そび》え立つ。

この港町にたった一人となった、平成の塗師《ぬし》がいる。黙々と尾鷲檜の一枚板を曲げ、桜の皮を糸にわっぱを縫い止める。手製の竹串は、鍛冶屋が鍛えた和釘のような強靭さで、わっぱと底板を寸分の狂いもなく繋ぎ止めていく。仕上げには三週間をかけ、丹念に生漆《きうるし》が布で直にすり込まれる。完成まで二カ月、一切の妥協は許されない。現《うつつ》を生きる我々のせっかちな時計では、もはや塗師の手技を測りえることなどできない。

世古さんは高校卒業と同時に、和歌山の漆器製造元に修業に出た。四年後、尾鷲に戻り三代目の父を師と仰ぎ、尾鷲わっぱ四十五工程の会得までに、一〇年の歳月を費やした。

「息を引き取るまで、お前に任すとは言わなんだでなあ」。世古さんは、父の遺作を手にした。

尾鷲わっぱは、元々山師の弁当箱として重宝がられた。「漆には殺菌作用があり、何より飯が旨いん

さ」と、世古さん。山師たちは飯を山盛りにした大小一対のわっぱをぶら下げ、尾鷲檜が聳える神々御座《おわ》す山へと分け入った。大のわっぱ飯が、朝飯。昼には、空のわっぱに川で水を汲み、焼石と味噌を一緒に放り込む。小のわっぱめしと、具のない味噌汁が山師の腹を満たした。

「昔の人は、皆知恵者や。今日び、わっぱに飯盛るなんて誰もせやへんでなあ。二カ月かけて一個がやっとじゃあ、直に……。あっ、お帰り！」。世古さんは、ランドセルを背負って元気に帰宅する長男を迎えた。三年生の長男は、小さな頃から父親の仕事に興味を示しているという。

「でも家《うち》を継げとは、よう言わんなあ。だって、食うてくのがしんどいだけやで」。世古さんは、生漆が沁《し》み込んだ指先を見つめた。

膠漆《こうしつ》の交わりに似て非なる古《いにしえ》の技と、現《うつつ》を生き抜く術《すべ》。若き漆匠《しっしょう》の尾鷲わっぱは、山師が愛した日用品の域を越え、いつしか大自然の美をまとった逸品となった。

＊「さいろ」／尾鷲地方の方言で「秋刀魚《さんま》」。

菓子匠

二二〇年の歴史　雲孫《うんそん》の菓子匠（名古屋市昭和区）

宮の熱田の　神樹の杜《もり》を
誰が呼んだか　蓬莱島と
常世《とこよ》の国の　神々来たり
遍《あまね》く民《たみ》の　辛苦諌《いさ》める

御手洗《みたらし》清め　柏手打ちて
曽福女《そぶくめ》様に　想いを馳せる
千代に尊《みこと》を　慕いし女《ひと》は
熱田の杜の　神と召された

名古屋市昭和区で一七八一年から続く、つくは祢《ね》屋・九代目当主・石黒鐘義さん（五七）を訪ねた。

もともとつくは祢屋は、熱田神宮の門前、旧地名・熱田市場町字曽福女《そぶくめ》で米屋として代々大商いを続けた。しかし天明の飢饉を境に、石黒安右ェ門義吉が神饌《しんせん》菓子製造へと家業を転じた。義吉は二二〇年続く銘菓「筑羽根《つくはね》（日本武尊《やまとたけるのみこと》が東征時に携えたと言われる、火打石を模した干菓子）」と「曽福女（熱田神宮の起源は、日本武尊から形見として授かった草薙神剣《くさなぎのつるぎ》を、宮簀媛命《みやすひめのみこと》が創祀《そうし》。尾張氏の祖先乎止与命《おとよのみこと》の娘であり、日本武尊の妃となった宮簀媛命は、曽福女様と人々に慕われた。初代義吉は、本わらびにきな粉をまぶす和菓子に、この名を冠し尾張の地が生んだ女神を讃えた）」の逸品を生み、熱田神宮御用達を勤め続けた。

旧東海道を上り下る人々で、賑う大店《おおだな》つくは祢屋の往時は、尾陽商工便覧（明治二一年）によって偲ばれる。

しかし先の大戦は、つくは祢屋の身代を大きく揺るがした。昭和一九年（一九四四）、鐘義さんの父に赤紙が舞い込み、店は軍用道路敷設工事のため強制退去を命じられた。

「店の退去の次の日が、父の出征だったそうです。母は軍に平伏し、空っぽの店の中に畳二枚と仏壇だけを残させてもらった。翌日、父はご先祖様に武運を祈り出征していったそうです」。鐘義さんの眼鏡の奥が光った。翌、昭和二〇年（一九四五）三月、鐘義さんはこの世に産声を上げた。名古屋の町中に空襲警報のサイレンが鳴り響いていた。

「大戦を恨んだものです。でも、もしあのまま強制退去をさせられなければ、今どうなっていたんでしょう」。鐘義さんは、熱田神宮御用達と墨書《ぼくしょ》された一枚板を見つめた。この年六月九日午前九時十七分、熱田に爆撃機が飛来し二千人にも及ぶ屍《しかばね》の山を築いた。

「きっと曽福女様や、熱田の神々が『生きろ』と仰《おっしゃ》ったのでしょう」。鐘義さんは、復員した父と共に店の再興に明け暮れた。

大戦の終末に生を受けた男の履歴は、驚異的な復興を遂げた、戦後の日本そのものだった。

鍛冶屋

鉄を鍛える熟練の技と時代の緻密さ（岐阜県高山市）

宮川沿いの　川原を行けば
浴衣の裾《すそ》も　風に戯《たわ》むる
夕陽を浴びて　鍛冶橋渡りゃ
時刻むよな　槌《つち》の音

火床《ほど》のくろがね　鉄火の如く
額を流るる　汗も拭えず
踏鞴《たたら》踏み込む　手風琴《おるがん》弾きは
飛騨の匠の　鍛冶屋かな

岐阜県高山市で明治一五年（一八八二）から続く、新名《しんみょう》鍛冶屋・三代目の新名隆太郎さん（八五）と、四代目・清雄さん（五二）を訪ねた。玄関脇の柱には「新名鍛冶屋」と墨書《ぼくしょ》された一枚板の表札がポツリと掲げられていた。

隆太郎さんは十四歳の時から、先代について大鎚《おおづち》を振るった。千度近くに熱した火床《ほど》から、赤めた鉄を親方が引き出す度、大鎚を打ち下ろし鉄を叩き伸ばした。鉄と鉄のワカシヅケ（鍛接《たんせつ》と呼ぶ接着法）には、鉄蝋《てつろう》と呼ばれるホウ砂・ホウ酸・鉄粉が使われ、再び火床で焼かれる。

「戦後は火床も三つあり、六〜七人の職人で活気があったもんや」。農具や山林具が主力だった時代は、戦後の急成長と機械化の波に、呑み込まれて行った。今では年に七〜八丁程しか農具の注文はないと言う。「昔はここに木炭を二十俵も積み上げ、火床が真っ赤に燃え盛ったもんや」と、隆太郎さんはたった一つとなった火床を見つめた。

しかし永年の勘と腕が物を言う鍛冶屋の底力を試される機会が訪れた。全国に文化財として残る山車《だし》の、飾り金具の修復だ。今も各地からの依頼に、息子と二人が追われる。

息子の清雄さんは鉄工所に一一年勤め、父の後を継いだ。「これの仕事は、すぐにノギスで測って…何とも間《ま》だるいことばっかや」。隆太郎さんの口か

ら、親方としての厳しさが飛び出した。「二人合わせて一つの仕事なんです」。清雄さんは言った。熟練の技で鉄を鍛える父、時代の要求に合わせ緻密さを息子が導き出す。

「鉄は一つも捨てるとこないんや。これ見てみ、昔の刀や。人を殺める道具だったもんや」。隆太郎さんは二十センチメートルほどの柳刃の中子《なかご》を握った。人の命を奪うはずの刀は、鍛冶屋に鍛え直され、食材を刻む新たな生命を宿した。

「もう鉄を鍛え、人を鍛える時代は終わった」。隆太郎さんがつぶやいた。「でも火床は残さんとな。火床は鍛冶屋の聖地なんやで」。息子は父を見つめた。

生まれた時代の違いは、職人の環境を変えた。しかし鉄を鍛える職人魂は、血の繋がりよりも強靭な鉄鎖《てっさ》で繋《つな》がれていた。

鋳物師

縁に導かれて半世紀　歓喜の梵鐘造り（三重県桑名市）

ゴンチキチンと鉦《かね》の音響く
天下奇祭の　石取《いしどり》祭
揃い半纏《ばんてん》　撞木《しゅもく》打ち振り
鋳物師《いもじ》の里に　夏の夜耽《ふけ》る

ゴンチキチンの　鉦に釣られて
人の心と　草木も踊る
町屋川原の　撫子《なでしこ》さえも
昼咲かぬのに　鉦の夜を待つ

三重県桑名市で江戸末期から続く中川梵鐘・六代目の中川正知さん（七六）を訪ねた。

正知さんは、東京日暮里生まれ。終戦を跨《また》ぎ七年間、東京芸術大学（旧、東京美術学校）に造形美術を学んだ。当時の教授は、伊勢神宮の式年遷宮に際し、奉納する神鏡《しんきょう》が重いからと、正知さんを同行させた。名古屋を過ぎ関西線に乗り換え伊勢へ。しかし教授は桑名駅で下車すると、一路中川梵鐘《ぼんしょう》へと。先代と娘が二人を出迎えた。中川家は終戦の年、跡取り息子を亡くしていた。「今思えば、最初っから仕組まれてたんでしょうな」。初めて訪ねた桑名の地は、初めて逢った娘と、その後の人生を共に歩むことになる、鋳物師《いもじ》としての花道を用意していた。

昭和二九年（一九五四）、中川家に婿入りし、鋳物師修業が始まった。百日ぶきと呼ばれる鋳型造りに始まり、踏鞴《たたら》と甑炉《こしきろ》で千度に熱した真っ赤な鉄を吹く。

日々安寧《あんねい》な時を告げた寺の鐘は、軍事供出で弾薬に変わり果て、戦後は寺が梵鐘を求める、鋳物師にとって多忙な時代であった。しかし梵鐘の普及とは裏腹に、やがて需要は減少。「まるで自分の首に縄を回し、一つ鐘を造る度に、自分で首を締めるような家業」と、正知さんは小さくつぶやいた。

六〇年代末、名古屋清水口の久国寺からの依頼に「平安・鎌倉と時代を映した鐘がある。昭和の鐘を造りたい」と、正知さんは答えた。寺の意向で、デザインは岡本太郎に。「鳴るはずがない物を造らせられる」と、角の生えた鐘のデザイン画を一目見て思った。まさに前人未踏の鐘造りの始まり。

鐘の音は「当り、送り、返し、振り」と、余韻と抑揚を含んで鳴り響いた。「歓喜の梵鐘」の音が、町の風景の一部となった瞬間。
「暇乞《いとまご》いをして座を立とうとした者が、小僧の撞《つ》いた鐘の音にもう一度座りなおす」。そんな鐘の音を目指した。
「今日っきりないから」が口癖の正知さんは、鐘の音にこだわり桑名に骨を埋める覚悟だ。半世紀前、恩師は妻と鋳物師の職という『縁《えにし》』を導いた。
『鐘も撞木《しゅもく》の当り柄《がら》』とか。鐘が鋳物師ならば、妻は撞木。鴛鴦《おしどり》夫婦の鐘が優しく響いた。

硯刻師

彫刻から硯刻へ　鳳来寺硯に魂注ぐ二十五年（愛知県鳳来町）

音為川《おとなせがわ》の　瀬音掻《か》き消す蝉の声
千の石段　続く瑠璃《るり》山行者越《ぎょうじゃごえ》
大傘杉《おおかさすぎ》が　月を隠して闇染めりゃ
霊山の杜《もり》　声が木霊《こだま》す仏法僧《ぶっぽうそう》

愛知県鳳来町で明治二〇年（一八八七）から続く鳳鳴堂硯舗《ほうめいどうけんぽ》・五代目硯刻師《けんこくし》の名倉利幸さん（四九）を訪ねた。

鳳来寺硯《すずり》の起源は、平安朝の頃より都人《みやこびと》に持て囃《はや》されたと伝えられる。

硯の石材は、金鳳石《きんぽうせき》、煙巌石《えんがんせき》、鳳鳴石《ほうめいせき》の三種。最も良質である金鳳石の石色は、漆黒《しっこく》の闇を母体に、まるで金銀に輝く星が浮遊する小宇宙のように煌《きら》めく。日本一の硯材《けんざい》の名に相応《ふさわ》しい輝きを放つ。

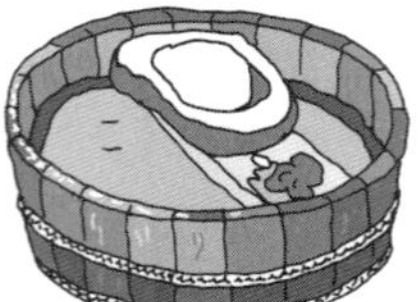

鳳来寺硯は、寺林に埋蔵される石材の露天掘りに始まる。経験を積んだ硯刻師の目が、石質を見極める。掘り出された石材は、工房の片隅で何十年という時の流れに風化し、脆《もろ》く崩れやすい部分を自らこそげ落とす。硯刻師に見初《そ》められた石材は、平鑿《ひらのみ》・丸鑿《まるのみ》・大角《おおかど》の三種の鑿《のみ》で削り彫られ、「粗砥《あらとぎ》・中砥《なかとぎ》・仕上げ」と砥石《といし》が石肌を磨きこむ。最後は割れを防ぐため、側面と底に漆を塗って化粧を終える。硯刻師の鑿使い一つで、鳳来寺硯は魂を宿し再び幾千年もの時を旅する。

名倉さんは、大学卒業と同時に先代・鳳山《ほうざん》（硯刻職人から後年、硯刻作家を目指した先代の雅号《がごう》）に付き修業を始めた。「おふくろはサラリーマンになれと…。でも父親にハメラレタよなもんだわ」。

もともと彫刻に興味のあった名倉さんは、父親の勧めもあって名古屋の高校から東京の美大へ。再び地元鳳来町に戻って早二五年。先代は日本一の鳳来

寺硯を美術品の域に押し上げ、鳳山の名を息子に残しこの世を去った。「まだ鳳山を名乗るには、ちょっとなあ…。五〇歳の節目に考えるかな」。父を越える日を名倉さんは待つという。

「日本の武に対し、中国は文の国。日本の刀に対し、中国は硯を、貴人は下賜《かし》された。日本は刀で人を治め、中国は筆で国を統治。筆・硯・紙・墨を文房四宝《ぶんぼうしほう》と崇《あが》めた」。名倉さんは、先代が蒐集《しゅうしゅう》した中国製硯を見つめた。

一枚の真っ白な和紙。書家は腕組みのまま目を閉じ、筆を脳裏に走らせる。硯は沈黙のまま、書家が墨を下ろすその瞬間を待ち侘《わ》びる。筆が書家の指先ならば、墨の濃淡は心の色。墨を下ろす硯は、書家が脳裏に描いた想いを映し出す、漆黒《しっこく》の泉かも知れない。

行者越《ぎょうじゃごえ》の参道脇で、今日も寡黙《かもく》に鑿を振るう硯刻師が、鳳山を名乗る日もほど近い。(平成一五年八月利幸さんは約束通り、五〇歳を迎え父の「鳳山」を襲名した)

煎餅職人

味噌煎餅百年　耳に残る「やり直しや」の声（岐阜県古川町）

瀬戸川沿いの　桜ほころぶ
白壁の町　古川祭り
夜《よ》さり引き連れ　丸子《まるご》提灯
千の灯りに　開く出格子《でごうし》
起し太鼓が　闇を破れば
晒《さら》し姿の　若衆《わかしゅう》たちも
勇を競いて　付け太鼓打ち
辻を駆け出す　古川やんちゃ

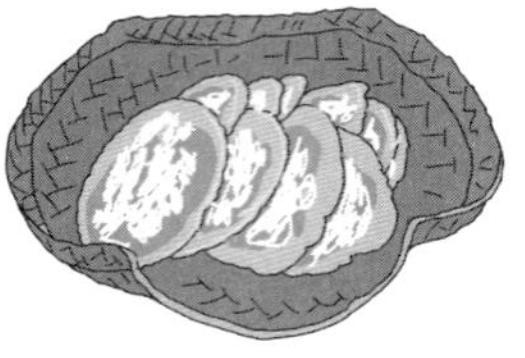

飛騨古川で明治四一年（一九〇八）創業の井之廣《いのひろ》味噌煎餅本舗《みそせんべいほんぽ》・三代目の井之丸祐八郎さん（六八）を訪ねた。

祐八郎さんは、中学卒業と同時に父に付き、毎日味噌煎餅を焼き続けた。煎餅の生地には、地鶏のさくら卵と、秋田産の大豆に古川産コシヒカリを加え二年掛けて熟成した自家製味噌が練りこまれる。生地は長い鋏《はさみ》のような柄の先の、丸い鉄板に広げて挟まれ、火に炙《あぶ》られる。焼き上がって煎餅が冷めるのを待ち、刷毛《はけ》で一枚一枚砂糖蜜を塗り上げる。

「親父は何にも教えてくれんのや。数作るうちに覚えるもんやと」。祐八郎さんは、初代が書き記した和綴《わとじ》の製菓法帳を眺めた。「戦後は物資が乏しく、湿気防止の缶代の方が遥かに高いくらいで、忙して映画すらいけなんだもんさ」。祐八郎さんの昔話は続いた。

ある日祐八郎さんに、友達から酒の誘いが。仕事も片付け、出掛けようとした矢先だった。仁王立ちの父が、手触りで煎餅の出来を確かめていた。「やり直しや」。大きな声が仕事場に響いた。せっかく焼き上げた煎餅は、無残にも全て放り出されたという。修業から一三年目の昭和三七年（一九六二）、岐阜県上宝村一番の美人と評判の敏子さんを嫁に迎

えた。やがて二人の子に恵まれ、四世代十二人の大家族を、敏子さんは陰で支え続けた。
煎餅を焼き始め四〇年目の昭和六三年（一九八八）、働き尽くめの祐八郎さんは、脳梗塞に倒れた。夫の看病という錘《おもり》を背負い、暖簾《のれん》を守る敏子さん。長男裕幸さんが、四代目を継ぎ母を支えた。
「この子らを何処《どこ》へも連れて行けなんださ。年に一回富山に海水浴に出掛けるだけが唯一の楽しみやった。でも煎餅焼かせてもらえるおかげで、こんな時代になっても何とか家族皆が食うて行けるんや」。敏子さんは夫を見つめた。「こんな身体になって、煎餅屋が煎餅焼けんのやでなあ。女房見とると何ともけなるいさ」。祐八郎さんは、麻痺の残った左手に右手を添え、長柄で煎餅を挟む真似をしてこっそり笑った。
間もなく一〇〇年の歴史を刻む、古川の味噌煎餅の味は、四代目古川やんちゃと女将の細腕がしっかりと守り続けていた。

＊「夜さり」／夜。「古川やんちゃ」／古川の若い衆。「けなるい」／うらやましい。飛騨古川町の方言。

山部

尾鷲檜の美林を守るハイカラ山部《やまべ》（三重県海山町）

始神《ししん》峠の　山踏みゆけば
山井《やまい》の水が　疲れ労《ねぎら》う
尾鷲檜《ひのき》を　夏日の笠に
熊野詣での　蟻《あり》の巡礼
山子《やまご》唄いし　樵《きこり》唄かな
蝉も聴き入る　山彦節《やまびこぶし》よ
神々住まう　紀国《きのくに》の杜《もり》
山部《やまべ》の手塩　天下の檜

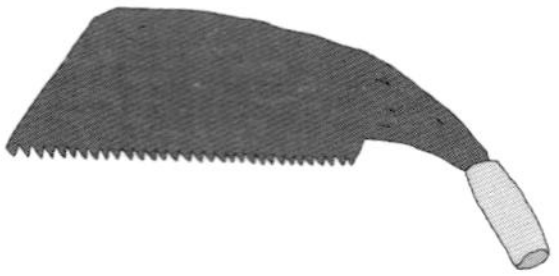

三重県海山町で二〇〇年以上続く山林業・八代目の速水勉さん（八三）を訪ねた。もともと海山町は、日本有数の多雨地帯であると同時に、町の九割を山林が占める。大化の改新以降、伊勢神宮の御領地となり、御遷宮の度に心柱《しんばしら》が切り出されたほど。江戸時代に移り、紀州徳川家の所領に属し、植林が奨励された。

速水さんは、大正八年（一九一九）にこの土地で生まれ、慶応義塾大学の法学部政治学科へと進んだ。しかしそれも束の間、卒業を間近に控えた昭和一六年（一九四一）十二月、真珠湾攻撃の二週間後には、繰り上げ卒業を強いられ出征。二年後には、七代目の父も他界。終戦と同時に郷里に戻った速水さんは、木と山、そして森に関する書物を買い漁った。誰もが食べるにも事欠いた多難な時代。政治を志したそれまでを、取り戻すかのように全国の山を訪ね歩き「山林業」を問い詰めた。

「学生時代は、一度も山に入ったことさえありませんでしたから」。澱みない標準語が森を渡る。

「戦後のインフレは凄まじいものでした。まるで山一つと、小指大ほどの苗木を代えるような」。八代目を否応なく継いだ速水さんを、戦後の混乱が待ち構えていた。昭和二五年（一九五〇）の朝鮮戦争勃発を境に、ようやく林業経営にも明るい兆しが見え始めた。しかし特需の反動は、やがて木材や人件費の驚異的な高騰を招き、外材輸入を急激に促進させ、再び日本の林業を圧迫した。

「その土地の木が、一番その土地の建物に相応しい」。

今でも速水さんは、大工やハウスメーカーに持論を説き続ける。
植林から八〇年、高さ二十五メートル、太さ三十センチメートルに育って、ようやく尾鷲檜と銘打たれる。

「木を作るのが今は一番楽しいんです。子供と同じで、植えてから五～六年は一番人手がかかります。でもこの時期にいい加減に育ててしまえば、人間でも同じでしょう。やっぱり愛情をいっぱい注いでやらねば」。尾鷲檜の森の中で、八三歳のハイカラな慶応ボーイは柔和な笑みをたたえた。

二〇〇〇年以上に渡り、尾鷲檜と神々の住いし森を守り続ける平成の山部。人の心を癒すように、檜の薫が辺り一面に漂うようだ。

石工

「石は文句言わん」。灯籠石匠四十年（愛知県岡崎市）

過ぎ往く夏が　恋しいか
つくつく法師　秋あかね
石都三河に　鳴り響く
コヤスケの音《ね》と　石工節《いしくぶし》
伊《い》賀《が》川上《かわかみ》の　道標《みちしるべ》
春日灯籠《かすがどうろう》　石仏
兄弟石工　鎚《つち》振るう
石神《しゃくじ》の里の　貴《き》セキレイ

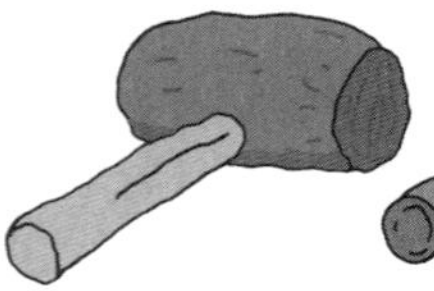

愛知県岡崎市で四一年間、古代型の石灯篭《いしどうろう》一筋に彫り続ける石工・柴田石工芸の柴田徹さん（五七）を訪ねた。全国一の石都岡崎の歴史は、一四五二年（室町末期）三河守護代西郷稠頼《つぎより》が、岡崎城築城に地元産御影石《みかげいし》を多用したことに始まる。

柴田さんは終戦の五日後に産声を上げた。一六歳で石匠《せきしょう》に付き、丁稚《でっち》奉公が始まった。来る日も来る日も朝一番の仕事は、兄弟弟子達の石鑿《いしのみ》二十本ばかりを火床《ほど》で焼き続けた。四年後の年季明けを待ち、別の石匠に付き灯篭造りを学んだ。丁稚奉公から七年、灯篭一筋の石工として独り立ちした。

「あの頃は、彫れば売れたでなあ」。石工としては恵まれた時代だった。しかしまだ昭和四〇年代前半は、徐々に機械化の並が押し寄せようとしていたとはいえ、ほとんどが手作業中心。六尺（約百八十センチメートル）の春日《かすが》灯篭が一カ月かけてやっと三本。「大きい石はトンポ（石屋特有の柄の長い荷車）で曳《ひ》いて、中くらいの石は二人掛かりでイナウんだわ。今はクレーンが勝手にイナってくれるでええけど」。柴田さんはしきりに「担ぐ」を「イナウ」と表現した。

石の良し悪しは、叩けばわかる。鈍いと割れ、高い音を発する石が良質。音色で鑿入れを描き、部材

＊「コヤスケ」／石を大きく割る道具。
「セキレイ」／石工が尻を上下させ、鎚を振るう姿からセキレイの異名がついた。岡崎市の鳥は、ハクセクレイ。

の配置を考える。

春日灯篭は、上部から順に宝珠《ほうじゅ》・笠・火袋《ひぶくろ》・中《ちゅう》台《だい》・竿・基礎に分かれる。中でも六角柱の火袋は、二面に雌雄の鹿、もう一つの二面に雲形の日月が彫られ、残りの二面は彫り貫かなければならない。灯篭の中で最も技術を要する。

「不思議だけど『この辺りで火袋彫ってくれや』って、石神様《いしがみ》の声が聞こえるだぁ」。柴田さんは、真顔でそう付け添えた。「最初は、石屋なんて嫌だっただ。でも兄貴が石屋だったし、ただなんとなく…で、石工になっちまっただぁ。まあ一日、まあ一日だけ石彫ったろうかって、気が付いたら四〇年だわ」。柴田さんの話に、石工の弟も我が事のようにこっそり微笑んだ。

「ほんでもやっぱり、わしは石が好きなんだ。何でかって？　だって石は絶対文句言わんらぁ」。汗と石粉が染み込んだシャツ姿、身長百五十センチメートルの小さな巨人、石都《せきと》岡崎の石匠《せきしょう》は、照れくさそうに笑った。

豆菓子匠

亡夫の教え　炒り大豆、絶品の味（岐阜県高山市）

飛州《ひしゅう》盆地の　根雪溶け
宮川沿いの　桜も弛《ゆる》む
山王まつり　絢爛《けんらん》と
贅《ぜい》を尽くした　陽明門か
祭囃子《まつばやし》に　声荒げ
旦那衆《だんなしゅ》たちも　辻を練り行く
粋な飛騨鰤《ぶり》　男振り
斑鳩《いかる》も歌え　月日星《つきひほし》よと

岐阜県高山市で約一三〇年続く、馬印三嶋豆本舗・四代目女将の長瀬理々子《りりこ》さん（六六）を訪ねた。三嶋豆は、明治八年（一八七五）に三嶋治兵衛により製造され三嶋豆と呼ばれた。ある日炒り豆が好物の母は、齢を重ね歯も弱り豆を噛むことも出来ぬと、治兵衛に嘆いた。孝行息子であった治兵衛は、何とかして今一度母に炒り豆を食べさせたいとの一心で、

試行錯誤を重ね現在の三嶋豆を完成。その後三嶋豆は、治兵衛の三嶋家と、治兵衛の一〇歳下の従兄弟、長瀬久兵衛の長瀬家に代々受け継がれた。（三嶋家は戦後廃業）

三嶋豆は国産大豆を一昼夜井戸の湧き水でふやかし乾燥させる。乾燥した大豆を炒り、白ザラメを溶かし片栗粉を混ぜ再び乾燥させる。これを十数回繰り返し、さらに炭火で一週間程乾燥させる。

何とも気の遠くなるような、単調な作業の繰り返しが、炒り大豆を絶品の味に仕立て上げる。

女将の理々子さんは、東京・永田町で弁護士の娘として生まれた。「商売人の処《ところ》へなど絶対嫁にやらぬ」。父の猛反対を押し切り、女将は商家に嫁《と》した。やがて二人の息子に恵まれ、商家での暮らしにも幾分馴染み始めた矢先だった。長男が小学六年生の年、四代目当主が他界した。

＊斑鳩／スズメ目、二〇センチほどの小鳥。各地の山林に一年中見られ、澄んだ美しい声で「ツキヒホシ」と鳴く。異名「豆回し」

「嫁の代で暖簾《のれん》を下ろしたなんて言わせたくない。もう意地しかなかった。それからお爺ちゃんに七年ほどついて、毎日なきながら豆を炒ったもの」。女将は暖簾を見つめた。「最初は人の足を引っ張るようなこの町が嫌いでした。でも主人を亡くして、初めてこの町で暮らす人の温かさが身に凍《し》みました。以前は弁護士の娘ってことで、高見から人を見てたのかも知れません。主人の死は、『この町の人たちに溶け込んで生きろ』、きっとそう教えてくれたんです」。

女将の言葉に続け、五代目の長男公昭《きみあき》さんがささやいた。「子供の頃、友達が来ても、母は挨拶一つしませんでしたから」。

飛州盆地の遅い春に、柔らかな陽射しが一筋舞い込んだ。『世の中は　満免《まめ》でまるうて　屋和《やわ》らかにかみて味阿《あじあ》る　人と奈連《なれ》かし』。昭和天皇の侍従《じじゅう》であった小泉さんが店に遺された歌に、人の世の情け深さと味わいを感じた。

団扇貼り立て職人

伊勢詣で偲ぶ日永団扇　全国の祭り彩る

（三重県四日市市）

振向けば　おかげ参りの旅の空
遥《はるか》伊勢路を　偲《しの》ぶ追分《おいわけ》
間宿《あいのしゅく》　団扇《うちわ》長餅《ながもち》日永《ひなが》足袋《たび》
軒を連ねる　呼び込みの声

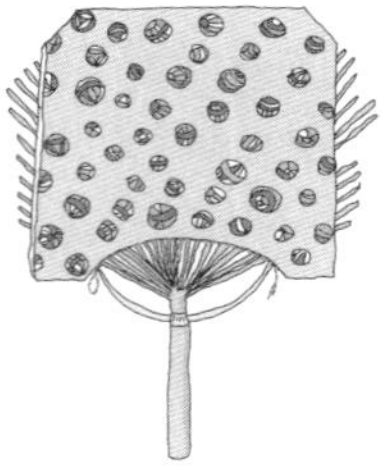

三重県四日市市日永で、明治一四年（一八九九）から続く日永団扇《ひながうちわ》・三代目の稲垣藤夫さん（七七）を訪ねた。日永団扇は、江戸時代より伊勢詣での土産物としてその名を馳せた。日永は旧東海道の四日市と石薬師の宿場に挟まれ、伊勢参宮街道との追分《おいわけ》となる間宿《あいのしゅく》として賑《にぎ》わいを見せた。伊勢詣での往《い》きに団扇を注文し、帰りがけに土産として国に持ち帰ったとか。江戸の昔を生きた人々の緩やかな時の感覚に心が和む。

稲垣家の団扇作りは、初代藤之助により始められた。代々、苗字帯刀を許された庄屋の稲垣家だったが、明治維新は人々の暮らしを大きく変えた。庄屋といえども、もう安穏とはしておられぬご時世が訪れ、団扇作りへと。それも束の間、明治も中期となり交通機関の発達とともに、街道を往く人馬が消えた。

稲垣さんは大正一四年（一九二五）生まれ。二十歳で出征し半年後の終戦で郷里へと戻った。終戦直後の荒廃で肺を病み、療養しながら先代について日永団扇の紙断ち・貼り立て・筋入れを学んだ。四年後、朝鮮動乱による特需を目前に妻を娶《めと》った。「もはや戦後ではない」。昭和三一年（一九五六）の経済企画庁表明で、神武以来の好景気が幕開け。平和を享受する祭囃子が全国各地に鳴り響き、店名入り広告用の団扇も、飛ぶように売れた。

「昭和も三〇年代の中頃から扇風機が売れ、次に

クーラーへ。そして五〇年代になるとエアコンが普及し、団扇の必要性は減る一方なんさ」。代々、村長《むらおさ》を務めた血筋か、背筋を伸ばし凛《りん》とした姿勢のまま、稲垣さんは穏やかな口調で語った。

未だ、女竹《めだけ》の三年物に拘《こだわ》り続ける日永団扇の工程は、四十七手にも及ぶ。その中で稲垣さんは、紙断ち・貼り立て・筋入れまで、二週間に及ぶ工程を手掛ける。

江戸時代、農家の夜なべ仕事であった団扇作りに、維新で止むなく一番ビリから参入した庄屋は、日永にたった一軒となった現在も、こつこつと往時を偲ぶ団扇作りに精を出す。「算盤《そろばん》勘定じゃのうて、日永に住いし者の恩返しなんやさ」。

稲垣さんは、喜寿《きじゅ》を感じさせぬネクタイに前掛け姿。団扇の縁に飛び出した竹骨に、半月型の刃を当て木槌《きづち》で一刀両断に断ち切った。

髭文字
手刷り師

日本に五人と残らぬ匠　後継者難に揺れる

（名古屋市昭和区）

夏も宵　京都伏見の
稲荷山　万の灯火《ともしび》
社《やしろ》も萌《も》える
御神恩《ごしんおん》　民が手向《たむ》けし
提灯《ちょうちん》と　河内江洲《かわちごうしゅう》
本宮《もとみや》踊り

名古屋市昭和区で明治初年頃より続く、提灯の手刷り師・四代目の浅野邦伸さん（五七）を訪ねた。

元尾張藩の下級藩士であった邦伸さんの曽祖父は、明治維新と共に失業の憂き目に。時代が大きくうねる中、遥かに家禄の高い八百石取りであった元藩士の娘と、駆け落ちを遂げた。うら若き曽祖父と曽祖母は、維新の風に翻弄《ほんろう》されながらも、仲ノ町（現・栄一丁目界隈）に居を構え、見よう見真似《みまね》で提灯の手刷り師を始めた。代々、京都伏見稲荷大社の神須《かんす》と呼ばれる稲荷提灯、「志《し》ん前《ぜん》」と意匠化された髭《ひげ》文字《もじ》を一手に引き受ける。

邦伸さんが大学受験に失敗した十八歳の春、祖父が交通事故で急死した。夜伽《よとぎ》の折、親類の誰かがつぶやいた。「昔貰《もら》った子はどうした?」と。「まさか…」邦伸さんは絶句した。子宝に恵まれず、遠縁から二歳の邦伸さんは養子として迎えられていた。教師を夢見たという多感な時代、邦伸さんの心は秘められた生い立ちを知り、跡継ぎのない育て親の家業との狭間で揺れた。

「この仕事をするために、この家に貰われて来たのかも知れん」と、そう強く感じた。修業が始まった。神須の命は、髭文字の微妙な擦《こす》れ方にある。百枚刷っても満足の行く仕上がりはわずかに数枚。

＊「神須」／稲荷提灯と呼ばれ、神前の真ん中につるされている提灯。

「親父によう怒られたわ『座り方がなっとらん。手の出し方が悪い。身体で調子を取れ』って」。先代の手元捌《さば》きを模倣する日々が続いた。邦伸さんが二六歳の年。先代が病に伏し、母の付き添いで女手も取られた。邦伸さんは恐る恐るながらも、初めての髭文字に挑み、ボーイスカウト活動で知り合った越後美人を妻に迎えた。闘病を終え家に戻った先代は、真っ先に邦伸さんの髭文字に目を光らせた。「こんなもの！」と、先代は一蹴《いっしゅう》した。「親父は息を引き取るまで、一人前とは認めてくれんかった」。邦伸さんの苦笑いの脇で越後美人が、こっそり微笑んだ。「やがてなくなる仕事だと思うと、そりゃあ寂しい…でも収入にはならんでなあ」。五代目は？の問いにそう答えた。手刷り師と越後美人の妻は、三人の息子を髭文字一つで育て上げた。「一番下のがやりたそうだけど…継げとはよう言えんでなあ」。

この国にもう五人と残らぬ神須《かんす》の手刷り師。尾張の匠の灯が、また一つ時の狭間で揺れていた。

笛師

古代の音色を今に　龍笛は竹選びが命（岐阜県可児市）

虫さえも龍吟《りゅうぎん》の音に唄いだす
鳩吹山《はとふきやま》に　月夜の宴《うたげ》

神々が出雲に集う神無月
ご加護祈願の　龍鳴《りゅうめい》響け

岐阜県可児市の横笛工房・九華《くはな》に笛師・田中敏長さん（四九）を訪ねた。

田中さんは、昭和二八年（一九五三）、東京あきる野市に生まれた。一八歳でフルートの製作を学び、横笛という共通点から日本の笛に興味を募らせていった。木管楽器に属するフルートの素材は、元は黒檀。やがて田中さんは、日本雅樂會に入会し一本二十万円もの大枚を叩《はた》き、雅楽に用いられる年代物の龍笛《りゅうてき》を手に入れた。まるで憑《つ》かれ

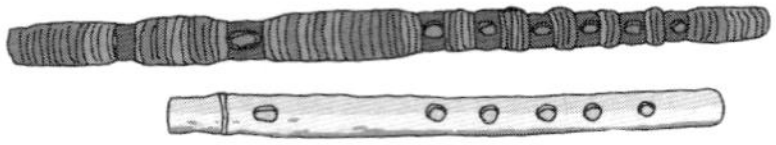

た様に夢中で、その日のうちに龍笛の分解を試みたという。歌口《うたぐち》と呼ばれる吹き口の縁取りは、漆の肉が厚く盛り上がっていた。すぐに小刀で漆を慎重にこそいだ。音色に龍笛らしい鋭さが戻った。この日を境に、西洋のフルートから日本古来の横笛へと、田中さんの人生が大きく動き出した。

二五歳の時、日本にもう後五～六人となった、名古屋の横笛師に弟子入りした。その後、桑名で篳篥《ひちりき》作家の工房の軒を借り、本格的な龍笛作りを始めた。

龍笛作りは、竹選びに神経を尖《とが》らす。囲炉裏《いろり》で燻《いぶ》され続け、何十何百年と時を経た煤竹《すすだけ》が最高の部材となる。一節の長さと太さ、曲がり具合が吟味され、鼠歯錐《ねずみばぎり》で穴を開ける。竹はそれぞれ内経が異なり、微妙に音程が異なるため、下地漆を二十回も根気良くすり込む。歌口の壁に水を含ませた和紙を詰め、試し吹きを繰り返し、仕上げに朱の漆を五回すり込

＊「龍笛」／雅楽の横笛。別名、龍吟・龍鳴。「篳篥」／雅楽の縦笛。「能管」／能の横笛。

む。さらに外側には、桜樺《さくらかば》や籐が飾りと補強に巻き付けられる。気も遠のきそうな細かな作業は、仕上がりまでに悠に一年を費やす。完成した龍笛には、一切笛師の号も刻まれない。

「この二五〇年前の龍笛にも、きっと笛師が仕上げた年号と、銘の入った和紙が、歌口の先端に錘《おもり》として詰まっているはずです。まだ修理の必要がないので開封してませんが」。

古《いにしえ》の笛師から現《うつつ》の笛師へ。封印された先達の言《こと》霊《だま》はいつの日か蘇《よみがえ》るであろう。

龍笛と能管《のうかん》の指孔《しこう》は七つ。神楽笛と高麗笛《こまぶえ》は六つ。現存する楽曲では、六孔しか使われない。「では龍笛が秘めたもう一孔を使った楽曲とは？」遠く奈良時代に、もう一つの指孔を使った楽曲への浪漫が馳せた。

田中さんが龍笛を構えた。笛師の魂を宿した龍笛の音は、息吹きに震え時を流離《さすら》い、馨《かぐわ》しき音色を今に運び来る。

伊勢根付
木彫師

息づく日本の面影　願いをこめ魂を刻む（三重県磯部町）

早乙女が　古式彩る御田植か
伊雑宮《いざわのみや》に　夏は寄せ来る
風待ちや　水主《かこ》も浮き立つ
鳥居崎　一夜詣での渡鹿野島《わたかのじま》よ
はしりがね　無事かえれよと
伊勢根付《ねつけ》　帯に忍ばせ出船見送る

三重県磯部町の伊勢根付木彫師・櫻谷《さくらや》直弘さん（八四）を訪ねた。根付は、元々印籠《いんろう》や煙草入れの帯止め。江戸も元禄を迎えると、粋筋《いきすじ》の間で根付自体の美が競われた。中には、大名のお抱え根付師もいたという。

直弘さんは、昭和九年（一九三四）、一五歳で伊勢根付三代目正直《まさなお》（姓／三宅）の最後の弟子となった。正直は自生の朝熊黄楊《あさまつげ》を材として好んだ。しかし根付は、明治維新を境に、生活様式も改まり需要が激減。逆に鎖国が解けたことで、西欧の蒐集家《しゅうしゅう》が美術工芸品としての価値を見い出した。正直と冠した伊勢根付は、海外での人気を追い風に七つの海へと。

直弘さんは三代目正直の下、六年間修業を続け、二一歳の年に独立し妻を娶《めと》った。「さあ、これからや」と、ささやかながら順風満帆に船出。しかし時代は、日増しに戦争に蝕《むしば》まれて行った。終戦を半年後に控え、鉄道兵として出征。「負けに行ってきたんや」。直弘さんは擦《かす》れた声でつぶやいた。

終戦後再びこの地に戻り、彫物を始めた。直弘さんの伊勢根付も師同様、樹齢一〇〇年ほど、幹の太さ七～八センチメートルに達した朝熊黄楊のみを使う。構図を描き硬質な朝熊黄楊に、丸刃《がんとう》で細かな細工を刻む。手のひらにすっぽり収まる根付一つに、

＊「はしりがね」／江戸時代、渡鹿野島が廻船の風待ち港であり、水主の相手をした一夜妻の意。

一カ月以上の時が無尽蔵《むじんぞう》に費やされる。顔料の紅殻《べにがら》と墨を混ぜ合わせ、図柄によって濃淡を加える。最後に椿油《つばきあぶら》をすり込み、何度も布で磨き上げ独特の艶《つや》を引き出す。時間と根気が命だ。しかし戦後は、根付も大量生産のキーホルダーに取って代わられた。

「もう今し、こんなん買うてく人なんておりませんやろ」。長男で二代目を継ぐ伸一さん（五一）は、寂しげにつぶやいた。

親子二代の作品には、いずれも「無事かえる、客を引き込む」の願いを込めた、ヒキガエルが浮き彫られていた。古井戸の釣瓶《つるべ》を引揚げると、ヒキガエルも一緒に顔を出す構図。釣瓶の横板は腐って剥がれ落ち、飛び出した和釘《わくぎ》まで、象嵌《ぞうがん》を施す念の入れ様。彫師の魂が刻み込まれた逸品。

天晴《あっぱ》れ、伊勢根付、木彫師二代。手のひらの小さな根付。そこには、失ってしまったあの頃の日本が、したたかに息衝《づ》き封じ込められていた。

畳刺

老婆と孫の畳刺《たたみざ》し　亡父の道具手に（愛知県甚目寺町）

春も宵　萱津堤《かやづつみ》に
朧月《おぼろづき》
波陀米《はだめ》の里の　藤娘

お初穂に　畑の実りと
藻塩《もしお》添え
藪《やぶ》の香物　阿波手杜《あわでもり》

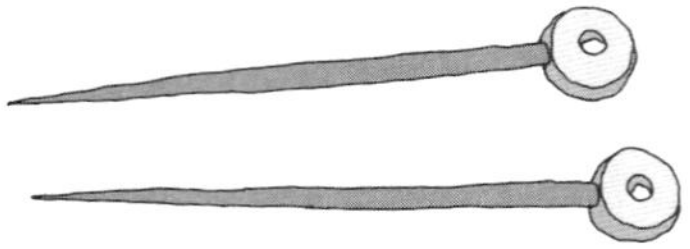

愛知県甚目寺町で江戸末期から続く畳職・伊藤畳店・四代目の伊藤あや子さん（七二）と、孫で六代目の秀《ひで》さん（二五）を訪ねた。開け放たれた店先は、藺草《いぐさ》の匂いに包まれる。端正な顔の若者が、畳表に太くて長い畳針を刺した。手のひらにあてがった手当てで、針の尻をグイッと力強く押し込む。

あや子さんは昭和二五年（一九五〇）、故四代目に嫁いだ。「戦後は喰うが先、畳はもっと後だわさ」。結婚後しばらくあや子さんは、畑作で夫を支えた。昭和三三年（一九五八）、次女を出産。その直後に亡き夫が肺を患い、半年間の闘病を余儀なくされた。あや子さんは、三代目の義父に付き、いろはを学び急場を凌いだ。

「リヤカーの鉄棒に乳飲み子を括《くく》りつけて、そんであんたあ、荷台に畳六枚も載せるんだて。一枚二十七キログラムのを…。百六十キログラムも積んで萱津橋越えて、枇杷島まで運ぶんだで」。あや子さんは、当時を振り返った。「乳欲しいって泣き出すし、坂の途中で立ち往生してまうし。そんでもあの頃は、誰かかんかが助けてくれよったでなあ」。

翌年九月、中部地方を伊勢湾台風が襲った。一家は、災害復興の特需に追われ倉庫を新築した。しかし二年後、隣の火災で貰《もら》い火を受け全焼。やがて、名古屋市中区から畳店の三男坊を、長女の婿として

五代目に迎えた。再び伊藤畳店に明るさが戻ったかに見えた。しかしそれも束の間、秀さんが小学六年の時、五代目は四一歳の若さでこの世を去った。四代目は「まっと出来の悪い子でええで、なんで長生きせんかった」と、号泣した。自慢の婿だった。

秀さんが大学四年になるのを待つように、四代目も召された。「後を頼むでなあ、秀くん」の、一言だけを遺して。卒業と同時に秀さんは、京都の畳職の下で一年間の修業を積んだ。

「父がもし生きていたら、違う世界へ進んだでしょう」と、秀さんは形見の畳包丁《たたみぼうちょう》を握り締めた。職人に道具の貸し借りは無用。昔は、畳包丁も棺《ひつぎ》に入れた。秀さんは修業を一年で切り上げ、あや子さんを案じ甚目寺に戻った。「ぼくにとっては、親そのものですから」。秀さんは、爽やかな笑顔でそうつぶやき、畳表の髭《ひげ》を裁った。

上《のぼ》って下る、吉凶対なす人の道…。「幸あれ」老婆と孫の畳算《たたみざん》。

＊「畳刺し」／畳職の別称。「波陀米」／甚目寺町の旧村名。
「阿波手杜」／萱津神社周辺の森の名称。
「畳算」／占いの一種。簪（かんざし）を畳に落とし畳の目の数で吉凶を占った。

女板長

鯰《なまず》の蒲焼き　秘伝の溜まり醤油が真髄（岐阜県平田町）

揖斐川の　流れを染める
山茜《やまあかね》　養老降ろし
秋も暮れ行く
油揚げは　千代保詣での
縁結び　稲荷の耳に
恋し名を呼ぶ

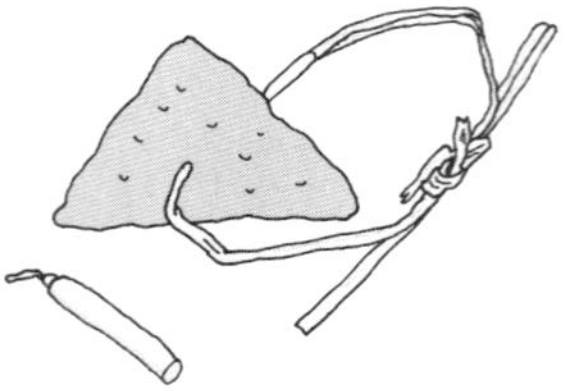

岐阜県平田町で文政年間（一八一八～一八三〇）創業の川魚料理八穂長《やほちょう》・六代目板長の吉田有子《ともこ》さん（七六）を訪ねた。日本三大稲荷の一つ「お千代保《ちよぼ》さん」の愛称で親しまれる千代保稲荷神社の門前。稲荷の耳を模し、荒縄を通した三角の油揚げと蝋燭《ろうそく》を、通りすがりの参拝者が買求める。

　有子さんは昭和一七年（一九四二）に、一七歳で八穂長を営む吉田家に養女として迎え入れられた。忌まわしい戦争の真っ只中であった。「この家に貰《もら》われてすぐ、挺身隊《ていしんたい》で落下傘作っとったんだわ。飯なんてあんたあ、ブリキの皿に蒸《ふ》かしたサツマイモが、たったの二切れだで」。殺伐とした娘時代を振り返った。

　夕涼みがてらリアカーを引き、百姓家《ひゃくしょうや》を巡っては着物と引き換えに、米や卵、野菜を手に入れ店先に並べた。「喰うだけで必死な時代やったけど、ようけの人が参りに御座ったでなあ」。有子さんは、義理の叔母利子さん（八八）を見つめた。昭和も三〇年代に入ると、昔ながらの平穏な輪中《わじゅう》の暮らしが戻った。当時は、竹鼻線の大須駅からバスが通っていた。「一台着いて五～六人。みんな油揚げ買ってお参り済ませ、帰りに鯰《なまず》を食べに寄ってかすんだわ。みんなゆうたんか（のんびり）やったなあ」。有子さんの言葉に利子さんもうなずいた。「そんで気がついたら、いっつか婚期が遅れてまっとったでかんが」。有子さんは大声で笑った。

四〇歳の年に「暖簾《のれん》だけは頼むで。門前の燈を消すでないぞ」と、義母はそれだけを言い遺し逝った。江戸時代から続く暖簾の重さを感じた。

有子さんは毎日、包丁に全体重を掛け鯰を捌《さば》く。

女手には過酷な重労働だ。右肩だけ筋肉が盛り上がり、手首は腱鞘炎の手術も受けた。
鯰の蒲焼は、何と言っても三年以上寝かせた、秘伝の溜り醤油に尽きると言う。一八〇年前から頑なに受け継がれた真っ黒なタレが、炭火の熾《おこ》りに滴りジュッと音を立て爆《は》ぜた。
跡取りは?と問うと「どっちかがお陀仏こいたら、それまでだわさ」。有子さんは利子さんを見やり、下呂膏《げろこう》を貼った右手首を擦《さす》った。「大きい夢みたらかん。正直にコツコツやっとりゃあ、お千代保さんはちゃあんと見とって下さるで」。
秋の爽やかな風は、溜り醤油の芳《こう》ばしさを運び、藁縄《わらなわ》を油揚げに通す二人の老婆の周りを「ゆうたんか」に漂った。

浅沓司

一足ひと月　幼児抱え三四歳で弟子入り（三重県伊勢市）

浮世の禊《みそぎ》　神所《しんじょ》を行けば
俗世の穢《けが》れ　祓《はら》い清める
玉砂利の音
古市《こいち》の旅籠《はたご》　精進落し
酒肴《しゅこう》勧みて　お国自慢に
夜も耽《ふけ》やらぬ

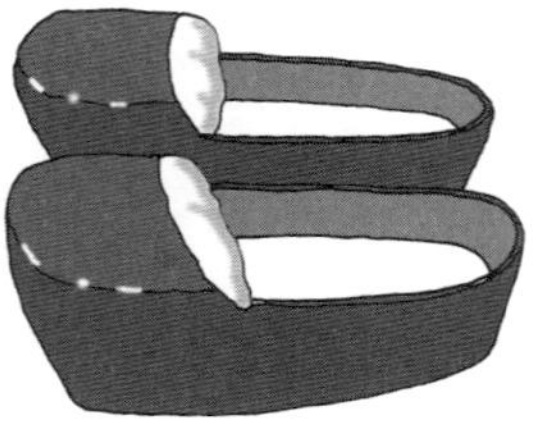

三重県伊勢市で浅沓《あさぐつ》を作り続ける西沢浅沓調進所・浅沓司《あさぐつし》の西澤利一さん（五二）を訪ねた。

浅沓は、公卿《くぎょう》や殿上人《てんじょうびと》、また神職高官が神事参勤時に着用する履物として、現在に受け継がれた。古来は革製。後に桐をくり抜き、外側に黒漆を塗り内側に絹布が張られた。

また、苧麻《からむし》の麻糸で作った物が「麻沓《あさぐつ》」と呼ばれ、後の世に深沓《ふかぐつ》に対する浅沓と表記されるようになったとか。

伊勢地方での浅沓の歴史は江戸期に入ってからで、型作りから仕上げまで、今では西澤さんたった一人が手掛ける。もともと西澤さんは、一八歳から祇園祭の山鉾《やまぼこ》の模型を父親と共に作っては京都に納めていた。二五歳の時に妻を迎え、翌年には長男が誕生。しかしその喜びも束の間だった。その年、一粒種の首も据わらぬうちに夫婦は離縁した。それ以上、決して多くを語らぬ西澤さんの姿に、当時の苦悶が偲ばれる。

昭和五九年（一九八四）、伊勢最後の浅沓司が高齢のため跡取りを求めていた。西澤さんは三四歳にして、浅沓司の下に弟子入りし修業を開始。丸一日修業を務めて、日当はたったの千円。八歳になった長男と年老いた両親を抱え、修業から戻ると夜なべ仕事で山鉾の模型を作った。「何としても覚えさそ

と、師匠も張りが出たんと違うやろか」。西澤さんは、修業時代を振り返った。山鉾作りの基礎が活き、実質一年半で一本立ち。見よう見真似を補おうと、美術大学の先生に付き漆の指導も受けた。

独立後程なくして、初仕事が舞い込んだ。伊勢神宮内宮の宇治橋渡り初《ぞ》めの大仕事。楠の底板に四国産の和紙十四～十五枚を張り合わせ型を作り、砥粉《との》などに生漆《きうるし》を混ぜ、浅沓全体を覆うように何度も繰り返し塗っては磨いた。最終工程は、漆黒の艶《つや》を引き立たせる本堅地《ほんかたじ》色塗りで仕上げられ、正絹《しょうけん》の甲当《こうあ》て枕と呼ばれる綿の詰め物が添えられる。一足の完成までに約一月、一瞬たりとも気を抜く事など許されない。

跡取りはと問うと「浅沓も今し、プラスチックの時代やでなあ。敢えて息子にさすのは、難しいやろうなあ」と、西澤さんは窓の外を見つめた。

隣のマリア保育園から、屈託のない子供たちの笑い声が聞こえて来た。

提琴師

引き継いだ職人魂　世界の名器超えるまで

（名古屋市中川区）

バスを待つ雨の日が好きだった
坂の途中の洋館を見上げ
ぼくは窓越しに君を探した
傘を打つ雨音に
バイオリンの甘い調べが
重なった
君の影が揺れるたび

バスを待つ雨の日が
好きだった
そしてぼくは君が…

名古屋市中川区で明治二〇年（一八八七）創業の鈴木バイオリン製造・四代目の鈴木隆さん（四三）と妻の香里さん（四一）を訪ねた。

　初代鈴木政吉は、尾張藩士で維新後に三味線製造を手掛けた、鈴木正春の長男として安政六年（一八五九）に誕生。一七歳で三味線製造を学ぶが、急速な西洋化の波に、先行きを案じ唱歌の教員を目指し、西洋音楽理論を学んだ。学友の一人が、手にしていたバイオリンに、政吉の目は釘付けになった。貴重なバイオリンを借り受け、一晩で総ての部材を採寸し模写。そのまま寝食も忘れ、獲《と》り憑《つ》かれたように試作に取り組んだ。

　一週間後、見よう見真似で日本最初のバイオリンが完成した。日本のアントニオ・ストラディバリの誕生だった。政吉、若干二八歳の晴れ姿。二年後、本格的な生産が開始された。大正三年（一九一四）、第一次世界大戦が勃発。ヨーロッパが戦火にまみれた。しかし皮肉にもこの戦いが、鈴木バイオリンを世界のスズキに押し上げることに。ヨーロッパの製造が停止し、飛躍的に海外からの受注が増え、従業

員数は千二百人を超えた。

しかし政吉は素直に喜べなかった。「いつか世界の名器を超えたい」が口癖だった政吉の本意は、生涯一職人にあった。先代の故・秩《さとし》さんの次女で、政吉直系の香里さんは「曽祖父は、厳しい人だったそうです」と、夫の隆さんを見つめた。現当主の隆さんは、香里さんと学生時代からの交際を実らせ、昭和六〇年（一九八五）に鈴木家に婿入り。隆さんは結婚一カ月前に入社し、一筋縄ではいかない職人の世界に飛び込んだ。六年間の修業を経て、バイオリン作りを習得した。

今後はと問うと「政吉が遺したバイオリン作りへの職人魂を、守り抜くのが我々の務めですから。事業を広げる考えなど毛頭ありません」と、隆さんは爽やかに、しかし毅然と言い放った。夫の言葉に、隣の香里さんが柔和な笑みをたたえてうなずいた。

日本のストラディバリ、政吉の魂は曾孫に宿り、欲を捨て名器作りに励もうとする婿を、頼もしげにみつめたのかも知れない。

連柿農夫

寒風が育てる連柿の甘み　自然の恵み子孫へ（岐阜県伊自良村）

鈍色《にびいろ》の　雲を引き連れ　木枯しが
伊自良《いじら》の里を
包み込む

指先に　息吹きかけて
柿を編む　朱染めの暖簾《のれん》
軒に連柿《れんがき》　老夫婦

岐阜県伊自良村で、大正時代より代々連柿を作り続ける農夫・佐野治一《じいち》さん（七七）を訪ねた。伊自良村の連柿作りは、大正時代から始まり伊自良大実《おおみ》と呼ばれる渋柿が用いられた。伊自良の大地は、肥沃《ひよく》さを欠く痩せた砂地だが、それが逆に柿の糖度を高めるという。

佐野さんは代々四反（約三九六〇平方メートル）の柿畑を守り続け、毎年七～八百連（一連に干し柿三十個）を出荷する。「昭和三〇年（一九五五）頃は、まんだ村によおけ人手があったんやて。だで多い時は、三千五百連くらい出荷しよった」と、佐野さんは懐かしんだ。

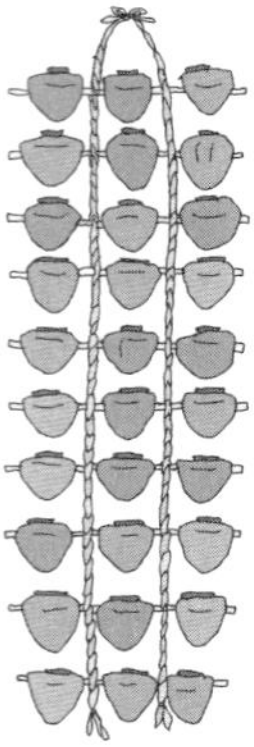

連柿作りは、木守《きまもり》の実を一つだけ残し、渋柿をちぎり取ることに始まる。文字通り柿の木を守り翌年の豊作を願う、大地の恵みを受けて生きる人々の智慧《ちえ》だ。収穫した柿は、へたを取り、皮を剥《む》き粒を揃えて竹串に刺す。一串に三個。それを縦に十串藁《わら》で編んで繋《つな》ぎ一連となる。「これを硫黄《いおう》で（燻《くすべ》る）と、黴《かび》も吹かんしええ色になるんやて」と、押入れのような燻蒸室《くんじょう》を開けた。次に母屋全体を包み込むように樽木《たるき》を組み上げ、橙色《だいだい》の大玉暖簾《のれん》のように連柿が天日に干される。約一カ月、連柿は伊自良の寒風に晒《さら》され、濃厚な甘味とふくよかな柔らかさを実にまとう。干し上がった柿はほぐ

された、白い粉（果糖とブドウ糖）を吹かせるため、皮に束子《たわし》をこすり付け、新しい藁で編み込む。一年中で最も忙しい連柿作りの師走は、家族総出の賑《にぎ》やかな声と共に更《ふ》け行く。

佐野さんも物心ついた頃には、既に連柿作りを手伝っていたという。佐野さんは昭和一八年（一九四三）から終戦まで、通信兵として中国大陸に出兵。復員から一カ月後に、同じ村の美千子さん（七五）を嫁に迎え、四人の子に恵まれた。佐野さんが持ち出した古いアルバムには、連柿の暖簾を背景に、毎年毎年の家族の笑顔と足跡が刻み込まれていた。

「ここから四キロメートル離れただけで、柿の色が黒ずむんやて。ご先祖は、偉い人やったんやろな。ここが連柿作りに、日本一適したことを見抜いとったんやで」。佐野さんは陽だまりの中、椅子に座し藁を編む妻の指先を見つめた。

寒風吹きすさぶ大自然は、荒々しい力を揮《ふる》い渋柿を甘美な果肉に代えた。木守柿《きまもりがき》のような老夫婦。大自然が恵みし日本一の連柿作りの技を、この土地と孫子に伝えていくことだろう。

縁起玩具職人

からりと厄飛ばす匠の玩具「はじき猿」（三重県多度町）

狩衣《かりぎぬ》の　馬上の射手《いて》が
矢壺《やつぼ》射る　多度の流鏑馬《やぶさめ》
秋の寿《ことほ》ぎ

八壺《やつぼ》峡　紅《くれない》の葉に
彩られ　白馬天翔《あまか》け
神々来たる

三重県多度町で、縁起玩具・はじき猿を作り続ける、二代目・水谷復四郎《またしろう》さん（四八）を訪ねた。

多度大社正面、水谷さんが営む宮川屋は、三百年程前から宮甚《みやじん》と呼ばれ参拝客相手に商いを続ける。多度の名産といえば、やはり二百年程前から続くと言われる「八壺豆《やつぼまめ》」だろう。八壺渓谷から滴《したた》り落ちる水滴を模し、大豆を核に黄粉《きなこ》と糖蜜《とうみつ》で丸め、白砂糖をまぶした素朴な味わいの銘菓だ。

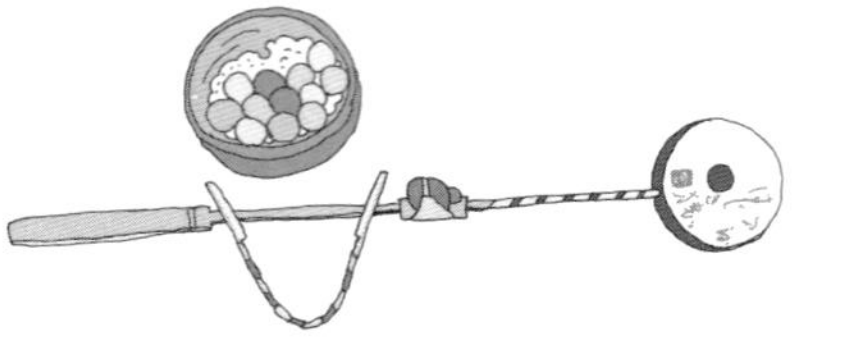

もう一方の名物と言えば、明治中期より厄や災いを「はじき去る」と掛け、縁起物の玩具として持て囃《はや》された「はじき猿」だ。長さ三十センチメートル程の竹の先は、細めに割かれ太鼓のような流鏑馬《やぶさめ》の的である矢壺《やつぼ》が取り付けられている。竹棒中程の、薄く割いた弓なりの竹跳《たけば》ねが、矢壺との間を上下する小さな猿の人形を、弾き飛ばす。極めて単純な構造だが、昔の子供たちには喜ばれる土産の一つだった。

しかし戦後の高度成長時代の片隅で、全国各地の郷土玩具が辿《たど》ったように、はじき猿も店先からその姿を消した。昭和四〇年（一九六五）頃、元々手先の器用だった先代の故・萬平《まんぺい》さんは、絶え果てようとするはじき猿を憂《うれ》い、見よう見真似で復元を始めた。何度も何度も改良が加えられた。

はじき猿作りは、水枯れした秋から冬に真竹を切

出す。心棒となる竹を、大中小に切り分ける。竹跳ね用に、長さ二〇センチ・幅一・五センチ程に切り揃え、竹の肉厚が二ミリメートル程になるよう薄く削り取り、熱湯に付けては「く」の字を描くまで曲げ込む。猿は赤い正絹《しょけん》に綿を詰め、コーヒー豆を猿の頭に見立てて取り付ける。昔は八壺豆を作る大豆を使用。矢壺は、塩ビのパイプを薄く切って和紙を貼り付ける。

「ようお客さんに言うたるんやわ。千円出して子供にって買うても、今の子供は直《じき》に壊してしまうでやめときって」と、水谷さんはあっけらかんと笑った。だが全国各地の民芸品蒐集《しゅうしゅう》家が、わざわざ遠方より買求めに訪れたり、毎年決って初詣の縁起物として求める参拝客も後を絶たない。

「遅かれ早かれ廃《すた》るもんやろな。まあ、物事あんまり考えんのが一番やさ。うざこい（うっとおしい）だけやでな」と、澱《よど》みない笑顔が弾けた。

水谷さんの「はじき猿」は、人の心に棲《す》む煩悩《ぼんのう》さえも、ものの見事にはじき去るのであろう。

瓦師

屋上の細工師　勘を頼りに一枚、一枚

（愛知県弥富町）

籠《かご》を逃げ出た
白文鳥は　いぶし瓦の
甍《いらか》の波に
呑まれて消えた
前ヶ須《まえがす》の宿
筏川《いかだがわ》から
おみよし松へ
下駄を鳴らして　童《わらべ》が駆ける
甍に消えた　鳥の名を呼び

愛知県弥富町で孫子三代に渡り三州いぶし瓦の瓦師を続ける、瓦栄《かわらえい》商店・三代目の山田篤《あつし》さん（四五）を訪ねた。初代、山田栄八は大正時代中期、瓦師として独立し無一文から瓦栄を興した。三代目の篤さんは、二代目・故宗吉の三男として昭和三二年（一九五七）に生まれた。伊勢湾台風がこの地を洗い流す二年前のことだった。

篤さんは高校在学中、跡継ぎを決心した。故宗吉さんは「大学なんか行かんでええで、早よ跡継がんか」と、三男坊の瓦師としての資質を、誰よりも早く見い出していた。しかし兄の説得で進学したものの、在学中から修業を始めた。

三州いぶし瓦の瓦師は、神社仏閣の甍《いらか》を葺《ふ》けるまでに一五年の修業を要する。瓦師の仕事は、大工が建て上げた屋根を採寸し、いぶし瓦の割り付けを描き出すことに始まる。瓦は下から上へ、縦に一列ずつ右から左へと葺いて行く。瓦と屋根の結合部は、山の赤土と畑の土とが絶妙に絡み合った「泥コン」と呼ばれる粘度である。三角形の瓦鏝《かわらごて》で塗り込み瓦を葺く。以前はこれが主流だった。しかし阪神大震災以降、強度の問題が問われ、泥コンに瓦釘を合わせ打つ工法が採用された。新建材の屋根工法では、

泥コンを使わない。「泥コン塗ったると、保温と断熱にええんだわ」と、篤さんは先達たちの智慧を讃《たた》えた。一端《いっぱし》の瓦師と呼ばれるには、一日七～八百枚が葺けなければならない。修業一五年は、決して伊達《だて》や酔狂ではない。ましてや一見同じ瓦でも、一枚一枚反りもあれば微妙な曲がりもある。それは土台屋根自体も同様だ。わずかな誤差だが、特に一屋根に何万枚も葺く、大きな仏閣となると、最後には取り返しの付かない誤差を引き出す。瓦師は屋根の上で瓦の癖を瞬時に見抜き、勘を頼りに微妙な調整を繰り返す。

まさに誤魔化《ごまか》しの達人であると同時に、鈍色《にびいろ》に輝く甍の美しさを描き出す屋根の上の細工師でもある。しかし移ろう時代の中で、この地方独特のいぶし瓦の屋根も、新建材に押され気味となった。

「親父がきっちり仕事してったでなあ、五〇年たっても全然傷んどらんで、葺き替えてもらえんのだわ。でもやっぱ親父みたいな仕事せんとかん」と、篤さんは今年九月に身罷《みまか》られた先代の遺影を見つめ、日焼けした赤ら顔で笑った。

散髪師

はさみ片手に半世紀　十五万人の髪を刈る（岐阜県岐阜市）

改札口へ続く駅舎は
今でもあの日の薫《かお》りがする
君は北へぼくは西へ
故郷《ふるさと》行きの汽車を待った

駅舎に広がるシャボンの薫り
真新しいスーツに似合う様に
君と出逢ってからの髪を切った
「社会人か」君の最後の囁《ささや》きを
発車のベルが掻《か》き消した
ぼくは今でもあの日の君を
心の何処《どこ》かで探し続けてる

岐阜市で孫子三代に渡り床屋を営む、初代・青木勇さん（八〇）を訪ねた。JRステーション・デパート二階のカット・ポイント青木では、勇さんの長男で二代目・仁志さん（五三）と、孫の三代目・一《かず》人《と》さん（二八）が、顔を並べていた。

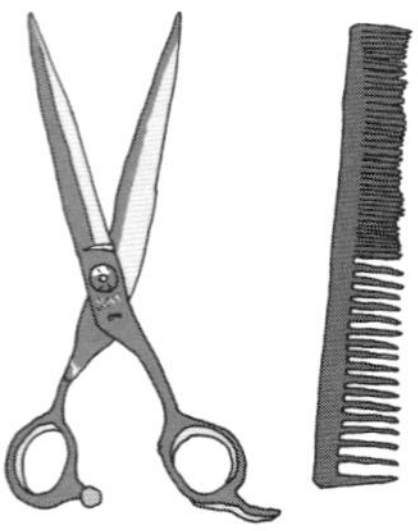

農家の出であった勇さんは、尋常高等小学校卒業と同時に、柳ヶ瀬の西部理容館に修業に出た。当時は洗髪三年、顔剃り三年、一人前までに一〇年の歳月を要する時代だった。来る日も来る日も洗髪と顔剃り仕事が続き、粗雑な石鹸に指先も被《かぶ》れた。当時の小遣いは、一月《ひとつき》三十銭。「一杯十銭の、牛の丼飯食うのが唯一の楽しみやったて」。

昭和一七年（一九四二）、二十歳の暮れにラバウルへと出征。「わしはB二九打ち落として、金鵄《きんし》勲章貰《もら》うはずやったんや。でも、勲章貰う寸前に終戦や」と、勇さんは未だ口惜しそうに笑った。

翌年復員し、再び西部理容館へ。昭和二四年、満州から引揚げた長子《ながこ》さん（七五）を嫁に迎えた。「結婚届を出した時には、これがもう生まれとった

んやて」と、勇さんは仁志さんを指差した。「戦後のどさくさ時代のことやで、そんなええかげんなもんやて」と、仁志さんがつぶやいた。結婚後、長子さんは子供を預け、朝から深夜まで柳ヶ瀬で「お好み焼き」を焼き、夫を支えた。

「お好み屋がどえらい流行《はや》ったんやて。床屋が九人で働いて一日九千円の時代に、お好み屋は女房一人で九千円売り上げる日もあったほどや。わしもあの頃は、昼に髪切って、夜は深夜まで葱《ねぎ》切っとったんやて」。お好み屋の稼ぎで勇さん夫婦は、岐阜駅前の一等地を手に入れ、昭和二八年（一九五三）に独立し青木理容院を開業。勇さん三一歳の晴れ姿だった。

それからはや半世紀、「今日もさっき、一人頭刈って来たんやて」と、未だ勇さんは現役として鋏《はさみ》を振るい続ける。「わしらはお客の首から上の、大事な場所を預かっとるんやで、ありがたいもんやて。わしらぐらいやで、お客の頭叩いても文句の一つも言われんと、金貰《もら》えるのんわ」。

岐阜市の人口の三分の一に当たる十五万人の頭を、半世紀かけて刈り続けた老散髪師が豪快に笑った。駅舎に続く飲食街に、シャボンの薫りが広がった。

味噌蔵人

のしかかる年月の重み　味噌と寝食共にして（三重県久居市）

一斉下校のサヨナラ
ぼくは畦《あぜ》道の先を競った
白い息　赤い頬
遠い日　土曜の昼下がり
お帰りの声　茶の間から
母は七輪の土鍋を開けた
オジヤの焦げ　味噌の香《か》
在りし日　母の面影

「あんまり寝かし過ぎると、味噌《みそ》呆《ぼ》けするんさ」と、味噌傳《みそでん》・七代目の辻岡傳治《でんじ》さん（七五）はつぶやいた。三重県久居市の味噌傳こと辻岡醸造は、明和二年（一七六五）に創業され、昭和の後半まで豆味噌一筋を貫いた。現在でも赤味噌の蔵出しには、二年半の天然醸造期間をかける。それ以上寝かせば味も香も劣る。

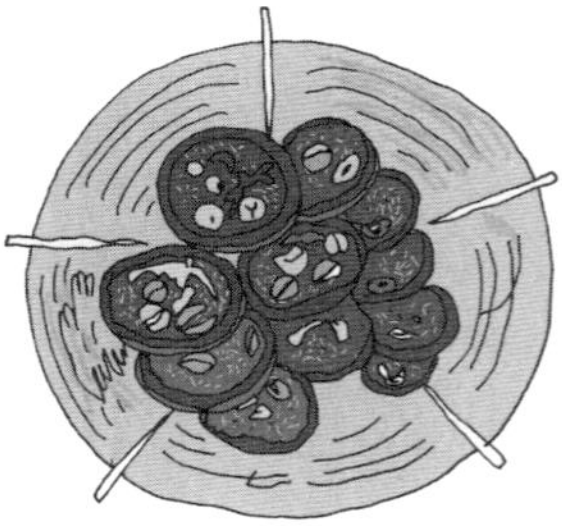

「三百六十五日コレの味噌汁だけは欠かせんのやさ。パン食でもそうや」と、傳治さんは帳簿付けに耽《ふけ》る公子さん（七二）を指差した。末っ子の傳治さんは、大学進学の夏に、終戦。本来であれば、七代目傳治を継承するはずであった兄を、戦争で失った。大学卒業後、大蔵省の醸造試験所に学び、二三歳の昭和二五年（一九五〇）に帰省。前年には、味噌・醤油の自由クーポン制が実施され、翌年には自由販売の時代へと激変する、戦後の混乱の渦中であった。

昭和二七年（一九五二）海山町出身の公子さんとの見合いを終えると、六代目は安堵《あんど》したように急逝した。涙の乾く間もなく七代目傳治を襲名し、その年の暮れ所帯を持った。うら若き新婚夫婦に、創業一八七年の暖簾《のれん》が重く圧し掛かった。「まだ二五歳の若造やったで、本当大変やったさ。でも一つだけええこともあったわ。代々傳治を名乗って来たで、印鑑変えんでええし、そのまま使こうたったんさ」と、傳治さんは当時を振り返った。隣で八代目・孝明さん（四二）が目を細めた。

孝明さんは三人の姉に囲まれて育った末っ子。味噌蔵を守る住み込みの蔵人《くらおとこ》たちと共に、学生時代から仕込みを学んだ。「味噌は敏感やさ。樽の配置や風の通り、それに温度と湿度の具合によって微妙に違《ちご》てくるんさ」。そのため昔から蔵人が住み込み、味噌と寝食を共にしたという。

百年以上も使い込まれた四・六トンの味噌樽が所狭しと並ぶ蔵には、有線放送の艶歌が流れる。

「ええ歌聴かせてやると、ええ味に育つんやさ」。傳治さんがつぶやいた。

「これお口に合いますやろか」と、公子さんが熱い茶を入れなおし、傳治さんがお袋の味と絶賛する柚干《ゆべし》が供された。柚子皮と味噌の芳香、胡桃《くるみ》と胡麻《ごま》が絶妙の触感を醸《かも》す。大地の恵みたちが大自然の時を纏《まと》い、見事に紡ぎ合い、馥郁《ふくいく》たる味わいを織り成し口の中に弾けた。

漆喰鏝絵師

修錬の技「漆喰《しっくい》鏝絵《こてえ》」

純白の心意気（名古屋市中川区）

幼い頃の思い出が
お寺の鐘によみがえる
冬枯れの田んぼ
泥んこ顔の君とぼく

夕暮れ畦《あぜ》道帰り道
お寺の土塀の片隅に
二人刻んだ淡い約束
雨に打たれ風に塗《まみ》れた

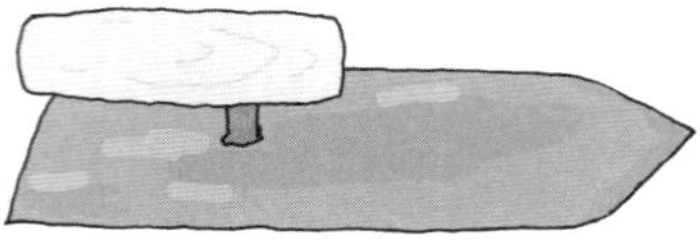

「『雀の涙、買って来い』って、よう職人にどやされて…あんた、何軒薬屋へ走ったかわからんで」と、名古屋市中川区の山田左官店・山田實《みのる》さん（七〇）は目を輝かせた。尋常高等小学校を終戦の年に卒業し、わずか一三歳で左官見習いの奉公に上がった。朝五時から樽に、川砂と水、それに苆《すさ》と呼ばれる細かく刻んだ藁《わら》を加えて練り、ネタを仕込む。ネタ樽と左官道具満載の大八車を、力任せに引いて十キロメートル以上離れた現場へと駆けた。

ある夏の日の事だった。現場のネタが不足し、店に取りに戻り、再び現場に汗だくで駆け戻る途中、涼しげな「氷」の暖簾《のれん》が少年の心を捉《とら》えた。「氷飲んでったったら『お前ら何処《どこ》で油売っとった』って、職人に鏝板《こていた》でぶん殴られちまって」と、實さんは若かりし日を振り返った。

職人の仕事は、見て盗んで覚えろが鉄則。また職人の遊び心は、小僧いびりにも長じていた。それが冒頭の「雀の涙」だ。年端も行かぬ小僧にとっては、本当にそんな薬があると真に受ける。「今と違って同じイジメにしたって、昔は洒落《しゃれ》心があったんだわさ」と、傍らで二代目の正彦さん（四四）がつぶやいた。

昼食後、職人の昼寝の隙を狙って押入れの中に潜り込み、人目に付かず技量も要さぬ壁を相手に修錬を積んだ。手先が器用な實さんは、若干二十歳で独立した。器用なのは口先も同じだった。三年後、津島市出身の弘子さん（六八）を見初め、口説き落として所帯を持った。

左官の仕事は、壁板への荒塗《あらぬり》に始まる。次に場慣らしと呼び、柱や貫《ぬき》の間に丸竹を組む。特に柱脇と壁土の接着には、カヤと呼ばれる格子状に編んだ補強用の下地が埋め込まれ、中塗り・乾燥へと続く。ここまで約一カ月。一年を経てやっと上塗りを施し完成となる。一年の間に、柱も壁も痩せてしまうからだ。現代の時間軸では推し量れない、職人の智慧と技量が、惜しみなく注ぎ込まれ絶妙な鏝捌《こてさば》きに託される。

「まあこれ見たってちょう」と、實さんは屋根漆《しっ》喰《くい》を見上げた。純白の漆喰壁に浮き上がった二羽の鶴は、優雅に大空を舞う。「昔は土蔵の入口が左官職の腕の見せ所だった。もう遣《や》りたても遣らせてもらえん」。

鏝一つで吉相を塗り上げる、あっぱれ平成の左官。鏝一筋に半世紀を生き抜いた漆喰鏝絵師が、穏やかに笑った。

花街芸者

還らぬ人を弔いながら観音菩薩舞う

（岐阜県下呂町）

いで湯の里は雪化粧
穢《けが》れを知らぬ白無垢《しろむく》のよう
あの日の駅前広場は
無事を祈る人で溢《あふ》れた
声を限りの万歳に
あなたは黙って右手を掲げた
咽《むせ》び泣くよな汽笛を遺《のこ》し
戻らぬ汽車は旅立った

いで湯の里は今日も雪
本掛《ほんけ》がえりにあの日を偲《しの》ぶ
岸辺の白鷺《しらさぎ》伝えておくれ
遥かな海に召された人に
今も独りを通していると

「生きて戦地から戻るまで待っとってくれ」。それが求婚の言葉だったと、山崎スミ子さん（七七）は

目を伏せた。下呂の芸者置屋・住吉の女将であるスミ子さんは、今も現役でお座敷に付くこの道六六年の温泉芸者だ。スミ子さんは大正一四年（一九二五）、七人姉妹の長女として生まれた。二二六事件の勃発に揺れた昭和一一年（一九三六）春、スミ子さんは百五十円で新潟県長岡市から下呂温泉の花街へと、向こう十年間無給の「一生籍ぐるみ」で身売りされた。まだ一一歳のいたいけな少女だった。

置屋の養女とはいえ、深夜まで寝ずに芸子の帰りを待ち、朝は五時に起きご飯を炊いて学校へ通う毎日。しかし一一歳の娘にとって釜戸《かまど》の火加減は多難を極めた。焦げたご飯をこっそり裏手の川に流しては、もう一度炊きなおし遅刻ばかり。教師は身の上を知り「遅刻してでもいいから、ちゃんと毎日学校へは来るんやぞ」と励まし続けた。

舞妓としての初お座付《ざつき》は、端唄《はうた》「紅葉の橋」だっ

た。一六歳の少女は、酔客を前に可憐に舞った。
しかし華やかな花街の裏側には、光の差さぬ影が対を成していた。実父が博打で借金を拵《こしら》え、スミ子

さんへの無心を繰り返した。「スミちゃんの親ばっかやなあ、お金せがみに来るのは」と、芸子仲間も同情を寄せた。

　戦局は日増しに悪化。東条内閣は学徒出陣を決定。その頃出征を間近に控え、地元の若者三人が芸者を上げた。一人の若者が、スミ子さんに入れ揚げ、復員したら所帯を持ちたいと求婚。容赦なく出征の日は訪れた。若者は舞妓姿のスミ子さんの写真を胸に、不慣れな別れの敬礼。それが二人の、今生の別れとなった。

「あんな時代やったで、手もよう握らんと…遥かな海に散ってしまった」と、スミ子さんは瞳を潤ませた。古《いにしえ》の求婚から六〇年。還《かえ》らぬ男の菩提《ぼだい》を未だ弔《とむら》い続ける。「私みたいなオヘチャを、嫁にと言ってくれたんやで。幸せなこっちゃ」。スミ子さんは笑い飛ばした。貧しさ故に流れ着いた下呂の花街。芸一筋に激動の昭和を生き抜いた老芸者の顔には、穏やかな慈愛に満ちた観音菩薩が舞い降りているようだった。

＊「本掛がえり」／干支の一回り六〇年。還暦。

髪結

夫が戦死、「手に職」を　二八歳で一念発起（三重県桑名市）

色取り取りの　振袖姿
雪化粧の　街を染め
二十歳を祝う　声が弾む

慣れぬ足取り　簪《かんざし》揺れる
春の寿《ことほ》ぎ　日本髪
今日を限りの　大和撫子《やまとなでしこ》

「父の夢なあ…一度も見たことないなあ」と、桑名市・美容室由季の二代目水谷恵美子さん（五七）は、先代を見つめた。「この子がお腹ん中入ったのも知らんと、夫は出征しましたんやわ」。初代ユキさん（八二）が話を引き継いだ。員弁出身のユキさんは、昭和一七年（一九四二）、二一歳の年、桑名市で自動車修理業を営む政美さんの元へ嫁いだ。翌年には長女が誕生し、小さな幸せが訪れた。

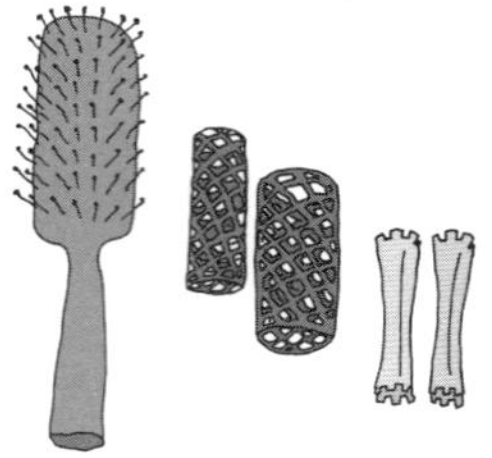

そんな矢先の昭和一九年六月、一通の赤紙が舞い込んだ。政美さんは新妻と一歳半の娘に見送られ、汽車に乗り込んだ。「あかん、あかん」。長女は走り去る父に向かって、覚えたての言葉で声を限りに叫んだ。「そりゃあ、あかんはずや」と、誰かがつぶやいた。周りで嗚咽《おえつ》が漏れた。既にその時、恵美子さんを身篭《みごも》っていた。

翌年三月、恵美子さんを出産し、戦地に通知。翌月、まだ見ぬ次女の成長を願う便りが届いた。空襲の激化で、一家は員弁の実家へと疎開。玉音放送が流れ、貧しくも安寧《あんねい》な時が訪れたかに感じられた。しかしそれも束の間。夫の訃報が届いた。政美さんは一度も次女の顔を見ることもなく、その胸に抱き上げることも叶わず、祖国を護り戦地に散った。大黒柱を失い、義父の下でギリギリの生活が始まった。しばらく後、美容院に嫁いだ友人から「手に職を付

けるしかないで」と、美容師の職を勧められた。

二八歳の年、美容学院に学ぶ決心を固めた。しかし入学時点で、既に三カ月の授業課程の一カ月が終わっていたのだ。残り二カ月、猛勉強を開始。学科はまだしも、実技は全くの素人。「『頭』がないで、練習できやん」。ユキさんは、近所の奥さんに頼み込み、頭と髪を借りて実技の特訓に励んだ。「今もその人らは、開業以来のええお客さんなんさ」。その甲斐あってわずか二カ月で国家試験を通過。「子供抱えて必死やったでなあ」。

昭和二六年、現在の美容室を開業。「私は技術が未熟やで、真心だけやわ。取り柄は」。謙虚なユキさんは半世紀に渡り現役を続け、娘二人と孫までも立派な美容師に育て上げた。

「私ら姉妹は別に不自由した覚えないし。…ただ記念写真の中に、父親が写っとらんだだけやったな」。恵美子さんは目頭を押え母を見つめた。二人も羨《うらや》むはずの髪結の亭主は、二人の記憶の片隅で今も確かに生き続けていた。

庭師

「木が待っている」　山への思い絶ちこの道に（名古屋市南区）

糸の切れた凧を追い駆けた
茜空《あかねぞら》見上げ泣きじゃくる妹
鎮守の老木も木枯しに鳴く
枝先の凧目掛け裸足で登った
老木から見下ろす小さな町
鐘が鳴る　妹の心細げな顔

生傷と日焼けが誇りの腕白時代
怖さよりも勇気が勝っていた
何時からだろう
勇気を怖さが追い越したのは
何故《なぜ》だろう　そうまでして
ぼくらが大人になったのは

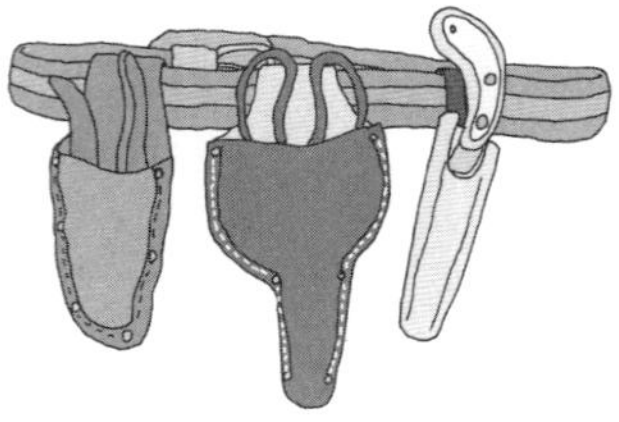

「新婚旅行は、京都の職安でした」。男は一呼吸も二呼吸も間を置いてから口を開いた。庭哲《にわてつ》・高塚徹也さん（四二）。名古屋市南区で高塚造園を営む庭師だ。徹也さんは東京の大学へ進学し、ワンダーフォーゲル部で山と出逢った。山への想いは、雪山や岩山へと向かい社会人山岳会に身を置いた。大学二年目の雪山遠征。目の前を行く仲間の頭上に落石が直撃。即死だった。それから程なく、別の仲間も雪山から転落。

「山屋特有の、崖っぷちの緊張感みたいなものに惹《ひ》かれて」と、相次ぐ事故にも関わらず山を下りようとはしなかった。そんな頃、山仲間に誘われ造園会社でアルバイトを開始。木に登る事さえ山の練習代わりと言う入れ込みよう。その分、学業からは自然に遠のいた。

二五歳、暮れの帰省。姉が保母として勤める保育園の、忘年会で栄養士だった典子さん（四一）を見初めた。典子さんは「山男にゃ惚《ほ》れるなよ」と唄われながらも、遠距離交際を続けた。結婚を目前に控

えた頃、ヒマラヤ遠征の計画が持ち上がった。「当時は妻が行って来いって言ったんです」と徹也さん。典子さんは山の本当の恐ろしさを知らなかった。遠征前の冬山練習で、先輩が滑落死。徹也さんは遂に山を下り、遠距離恋愛に終止符が打たれた。

結婚でいったん名古屋に戻った徹也さんは、庭師を極めたいと新妻を伴い京都へ修業に向かった。それが冒頭の、片道だけの新婚旅行の門出となった。

職安で庭師の仕事を探した。古都の名刹《めいさつ》には、樹齢千年に及ぶ古木や、三千院の七〇〇年を越す五葉《ごよう》松が待ち受けていた。五葉松の手入れは、一度に三十人の庭師が必要。毎年春と秋に登った。春は松の芽を折り、秋は剪定と葉毟《むし》りに明け暮れた。

「自分が毎年松に話し掛けるからか、松も自分が来るのを待っとるんですわ」と照れ臭げ。「人偏《にんべん》に木と書いて『休む』と読むでしょう。やっぱり人の側に木がないと…」。

風雪に耐え里の暮らしを見守り続ける、鎮守の森の老木と話す、かつての山屋は、朴訥《ぼくとつ》とした口調で魂の欠片《かけら》を紡ぎとるよう静かにつぶやいた。

宮大工

木に魂注ぎ「風化」という進化を遂げる（岐阜県高山市）

童《わらべ》相撲に勝鬨《かちどき》あがる
宮の境内秋祭り
慣れぬ廻しを引き絞り
あの娘横目にもう一番

入母屋《いりもや》修理の宮大工
結びの一番待った無し
手に汗握り気も漫《そぞ》ろ
鑿《のみ》の槌《つち》音触れ太鼓

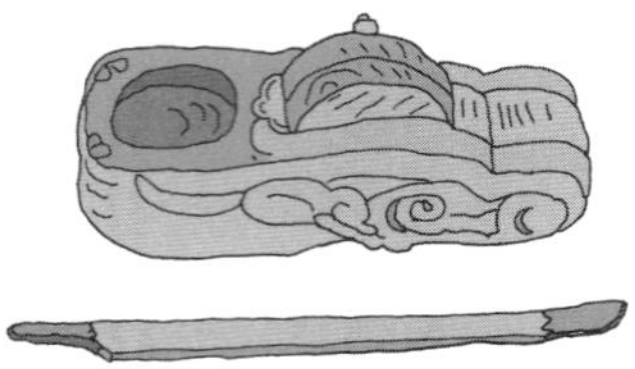

「入母屋《いりもや》造りの屋根の美しさは、破風《はふ》の反りが命。縄垂れの弛《ゆる》み具合で棟梁の腕が試されるんやて」。岐阜県高山市・宮大工棟梁の袈裟丸《けさまる》時男さん（八〇）は、物静かに語った。大工・与三吉《よそきち》の次男として生まれた時男さんは、一〇歳にして鑿《のみ》を片手に大工仕事を手伝ったと言う。昭和一二年（一九三七）、尋常高等小学校を終えると、「世が安泰でないと大工じゃあ喰えぬ」と、父は吐き捨てるようにつぶやいた。日華事変勃発で、激動の昭和が不気味な軋《きし》み音を発しながら動き出していた。

時男さんは鉄道省の試験を受け、高山機関区の庫《こ》内手《ないしゅ》に配属。蒸気機関車の罐《かま》掃除の日々が続いた。やがて機関助手を経て、高山本線の機関士に。昭和二〇年八月一日夜。貨物を牽《ひ》き富山に到着した。予定では仮眠後、再び夜行で高山に戻るはずだった。

「神通川の向うから、B二九が大編隊でズンズン近付いて来るんやて」。同僚と三人で近くの池に飛び込んだ。「地獄絵さながらやった。瓦が真っ赤に焼け、ドロドロになって飛び散ってくるんやて」。辺り一面は焦土と化した。

終戦の年の暮れ、時男さんは妻を娶《めと》り、翌年国鉄を辞し、復興に沸く父の下で大工を始めた。明くる

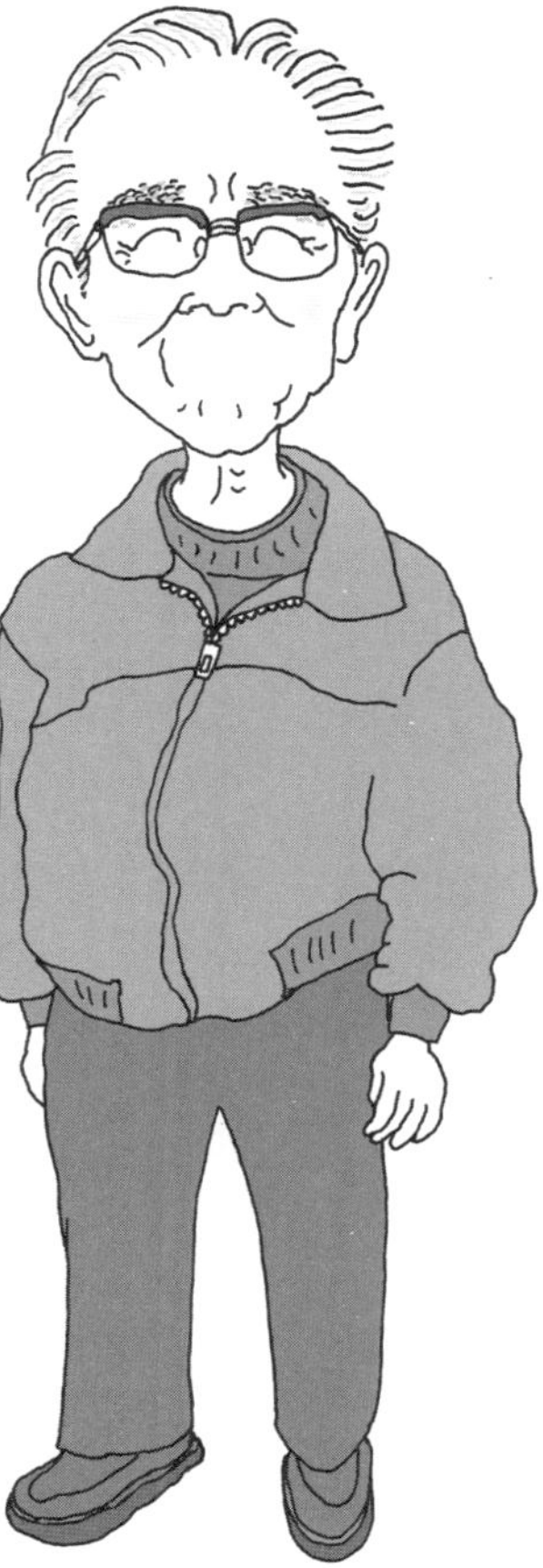

年には長男が誕生。飛騨に遅い春が訪れ、仕事に目鼻がつき始めた矢先だった。昭和二三年、産後の肥《ひ》立《だち》の思わしくなかった妻は、乳飲み子を残し急逝した。その年、高山別院も焼失。それから四年、長男は母の後を追うように、わずか五歳で先立った。

相次ぎ家族を失った哀しさを紛らわそうと、時男さんは仕事に打ち込んだ。同じ年、高山別院の再建が始まり、大棟梁の下、宮大工の一人として加わった。木取《きど》りに始まり、二年後に上棟式を済ませたが、その翌年再び放火により焼失。二十五人の宮大工全員が頭《こうべ》を垂れた。

平成五年（一九九三）、時男さんが棟梁を務め、埼玉県越谷市の能舞台を木曽檜《ひのき》だけで造り上げた。「木曽の檜はおとなしいんや」。時男さんは狂いの少ない木曽檜に人格を与えた。「白木はやがて黒く、そしてまた風化して白く生まれ変わるんやて」。

一〇〇年で約三ミリメートル。木の表面は風雨に晒《さら》され、やがて毛羽立ち白く見えるという。宮大工に魂を注ぎ込まれた木曽檜は、過ぎ行く時間の中で、風化という進化を遂げる。

人は神を崇《あが》め、一柱《ひとはしら》と数える。

「神々御座《おわ》す宮処《みやこ》かな、家々守る床柱《とこばしら》」稔

老海女

四季折々宝の海　美しさ愛して六〇年

（三重県鳥羽市）

沖の潜《かず》き女《め》磯笛《いそぶえ》も止《や》み
入日追いかけ海人船《あまぶね》還《かえ》る
舳先《へさき》掠《かす》める海猫が
浜に豊漁告げて鳴く

島の女の晴れ着姿は
潮焼けの肌に濡れた磯着《いそぎ》
焚き火囲んで車座に
笑いも絶えぬ浜の海女火場《あまひば》

「海の底にお金が落ちとるんやで、息こらして（息が切れて）も拾《ひら》てまうんさ」。三重県答志島最年長の海女《あま》・四代目、浜崎徳枝さん（七四）は、潮焼けた赤ら顔で語った。徳枝さんは昭和四年（一九二九）、この島で七人姉妹の長女として生まれた。村の娘の仕来《しきた》りで、冬から夏の海女解禁まで、行儀見習に大阪や名古屋へ奉公に上がった。夏が来て島に戻れば海女の稽古に明け暮れ、嫁入り修業の和裁を身に付ける。二十歳で浜崎家に嫁ぎ、海女として沖を目指し海鼠《なまこ》漁を開始。身を斬る様な厳寒の海は、単《ひとえ》の磯着を通して肌を突き刺した。

答志島の海女は二百人。しかし海鼠漁に出るのはわずか二十人。鮑《あわび》や海胆《うに》に比べ、海鼠の漁場が深いからだ。徳枝さんは海人船《あまぶね》を漕ぐ「トマイ（船頭）さん」と漁場を目指す。「腹にスカリ（網の袋）と腰紐括《くく》って、なんまり爆弾（十五～六キログラムの錘《おもり》）抱えて一気に潜るんやさ」。おおよそ一回の潜水は一分以内。「息が上がる寸前に腰紐をしゃくったるんや。トマイさんが必死んなって紐をたくし上げる。命の管理人みたいなもんやな」。現にトマイは、夫や息子など血縁者が多いという。二年前にご主人を亡くし、今は漁師を継いだ長男がトマイを務める。漁を終え海女火場《あまひば》に戻って、海女達と共に暖《だん》

を取る時が一番の楽しみ。「歌うとたり亭主の愚痴言って、賑《にぎ》やかなもんやで」。文字通り男子禁制、裸の集会だ。

「海は愉しいよ。四季折々の色しとって」と、隣の家の海女仲間・山下きよこさん（七三）がつぶやいた。「そうさ、宝の海やでな。海に潜る時はドウマイ・センマイ（ドーマン・セーマン）言うてな、この手拭《てぬぐい》頭に巻いて、米と小豆を紙に包んでお酒と一緒に無事を祈って海に撒《ま》くんさ」と、徳枝さんは古びた手拭を開いた。真ん中に「急々如律令《きゅうきゅうにょりつりょう》」左に五芒星《ごぼうせい》、右には縦四本・横五本の格子が描かれている。陰陽道《おんみょうどう》の魔除《まよけ》の呪文が、いつしか海女の護符《ごふ》となった。

海と生きて六〇年。誰よりも海を愛し、その美しさと気高さを知る老海女。お元気でと別れを切り出すと「私ら海女薬《あまぐすり》いう、ええ薬もろとるで、まだまだ身体が言うこと利くうちは潜るわさ」と、背中に大きな笑い声がかぶさった。

＊「潜女」／（かずきめ）海女の別名。

離島医師

顔色の変化で病読む　答志島の離島医師（三重県鳥羽市）

答志港に汽笛を残し
最終便の船は出る
家並の翳《かげ》に身を隠し
そっと手を振る島乙女

儚《はかな》い恋の片想い
恋の病は医者要らず
切なさ胸を潰さぬように
そっと忍ばす恋忘貝《こいわすれがい》

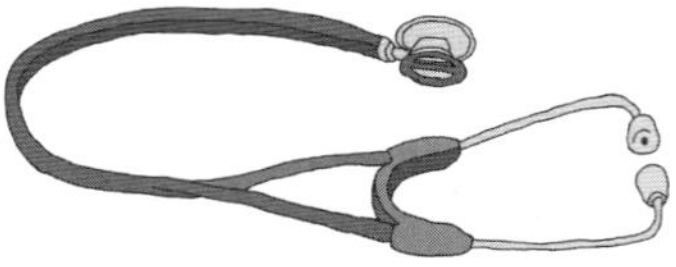

「海女薬はうち独自の調合薬で、目眩《めまい》や頭痛に効き、息が長《なご》なる海女の秘薬なんやさ」。おまけに薬袋《やくたい》に鮑《あわび》のシールを貼り、大漁祈願するほどの入れ込みよう。一瞬耳を疑うような言葉が、柔和な笑みをたたえた

医師・中村源一《もとかず》さん（四二）の口から漏れた。源一さんは、船舶燃料店を営む中村家の長男としてこの島に生まれた。小さな頃は病弱で、楽しみな運動会も欠席。地元の中学を卒業し、伊勢に下宿して高校へ通った。その後上京し医師免許を取得。都立墨東《ぼくとう》病院に勤務した。内科の勤務にも慣れ三年が過ぎようとした頃だった。

故郷の答志町では、医師が高齢のため引退し、町は躍起になって源一さんを呼び戻そうと、白羽の矢を放った。二八歳になった源一さんは、平成元年（一九八九）、ついに開業を決意。父の案内で新居を兼ねた病院に着いた。「ここならええやろう。海水浴場もまん前やし。日当たりも抜群や」。父は胸を張った。源一さんは唖然《あぜん》とした。真新しい三階建てのビルが聳《そび》えていたからだ。「後から聞いたら、親父《おやじ》がぼくの名義で借金して拵《こしら》えたようで…阿呆《あほ》らし」と、苦笑い。翌年、伊勢から嫁を迎え、三人の子宝に恵まれた。

「顔はカルテみたいなもんやでなあ」。道端ですれ違う島人《しまびと》の、わずかな顔色の変化に気付き、癌《がん》を早期に見つけ出したことは一度や二度ではない。また嫁姑問題を持ち込む患者も多い。「ここらは家が小さい割に、三世代も四世代も一緒に暮らしよるでな。たまには年寄りの愚痴も聞いたるんやさ。それでスーッと胸のつっかえが取れるんやで」。

源一さんの治療は、時として医学書の領域を超える。またお婆ちゃんの患者からは、何度か先生の写真がほしいとせがまれることもあった。「お婆ちゃんらと道ですれ違いますやろ、するといきなり手を合わせて拝みよるんですわ」と、照れ臭げ。源一先生は、病の患者だけと向き合っている訳ではない。海に囲まれたこの島の暮らしと、ここに生きるすべての島人を見つめ続ける。それが冒頭の海女薬の発想となった。

病に苦しむ者に触れ、常に穏やかな口調で語りかける。柔らかな笑みを白衣の上に纏《まと》う源一先生こそが、島人たちにとっての「医王《いおう》」そのものなのかも知れない。

＊「恋忘貝」／鮑の別名。

獅子頭彫刻師

たかが道具、されど芸術　国内唯一の技守る（愛知県刈谷市）

二階の窓に白無垢《しろむく》姿
嫁菓子を撒《ま》く白い指
授業中の悪戯《いたずら》で
頬つねられた日思い出す
獅子の口から先生見上げ
初恋のにがさ噛み締めた

嫁菓子拾いに声上げて
庭先駆ける仲間たち
獅子の頭《かぶり》を大きく振って
叶わぬ想いと邪気払う
花嫁行列従えて
幸の門出を獅子はゆく

全国に唯一人とか。親子三代に渡り、全国各地の獅子頭を彫り続ける男がいる。愛知県刈谷市の早川高師《たかし》さん（五四）。「爺《じい》さんと親父《おやじ》の傍らが、わしの遊び場だった。木っ端でよう軍艦や戦闘機作ったもんだわ」。高師さんは小学六年生になると、せっせと鑿《のみ》研ぎを手伝った。デザイン科の高校に進んだある日。授業に家の道具を持参した。「お前、いい道具持っとるなあ」と、恩師は繁々と鑿を眺めた。

高三の年、恩師のアトリエに招かれた。「びっくりしたわ。親父の作っとるのが彫刻やと思っとったで」。恩師のアトリエで西洋の彫刻と出逢った。高師さんは度肝を抜かれたという。全体のバランスを重んじる西洋の彫刻に対し、職人は獅子頭の分割した部品しか見ていない。恩師は職人の視点と、彫刻家の視点の違いを高師さんに刷り込んだ。

高校を卒業すると親子三代が作業場に座し、獅子頭彫刻に明け暮れた。六年に及ぶ修業で一人前と認められ、二四歳の年に嫁を迎えた。獅子頭彫刻は、まず木曽サワラを十六の部材に切り出す。獅子頭の前面になる部分は木目を横に、側面は縦目に配置し、勘だけを頼りに彫り進む。総ての部材を組み上げ、下地砥粉《とのこ》と膠《にかわ》を混ぜて真っ白に塗り込む。次に下地漆を塗って、金箔《きんぱく》を貼り赤黒の漆で仕上げる。

日本最古の獅子頭は、伎楽面《ぎがくめん》として渡来した正倉院所蔵の雌の獅子。幕末頃から雄の獅子が彫られ、現在に至る雌雄一対となった。「戦前、この地方の芸人が、伊勢のお札を全国で売り歩くために、獅子舞の門付《かどづ》けをやっとった。名古屋型の獅子頭は一キログラム程と軽いもんだで、芸人が重宝がり全国に広まってったそうだわ」。

高師さんの元には、全国各地に伝わる獅子頭の復元が持ち込まれる。「目と鼻に、その地方独特の何とも言えん特徴があるんだわ。でも、戦後急激に車が増えちまったで、氏神様のお祭りで獅子舞もやれんような時代になっちまった」。

先代が遺した名古屋型の獅子頭を見つめ「道具と美術品の境目だでな」と、言い放った。されど道具としての宿命を終えた後、獅子は悠久の時を経て、必ずや彫刻師の業《わざ》を後世に伝えることであろう。

麩職人

熟練の技　五感を駆使する人情練り（岐阜県大垣市）

宮の境内石畳
少女の突いた手毬《てまり》が反《そ》れて
牛屋川《うしやがわ》を流れて下る
膝を抱えた少女の影と
土手の土筆《つくし》が揺れている
麩引《ふび》き職人格子越《こうしご》し
哀れな少女に心を揺らし
手毬あん麩を差し出した
土手に腰掛け頬張る少女
頬を西日が伝って落ちた

「麩《ふ》料理は、板長の引退と共に消え、また新たに生まれ変わるんやて」。岐阜県大垣市で明治元年創業の「ふや惣《そう》」五代目・浅野準一郎さん（六七）は、懐かしげにつぶやいた。

江戸末期、米の仲買をしていた高祖父が他界し、

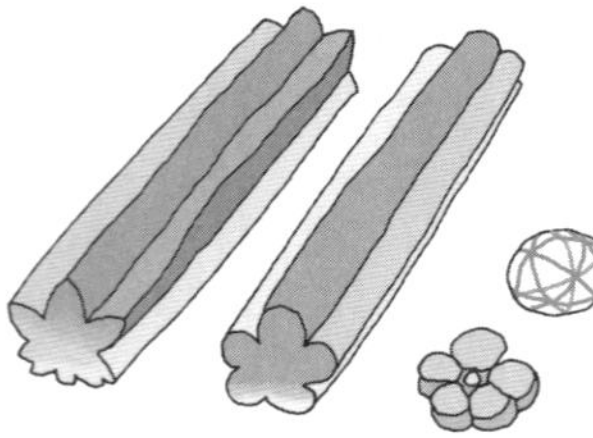

高祖母・きうと当時一五歳の曽祖父惣吉は、先の暮らしを案じた。そんな折、市内の老舗料亭の旦那衆から「大垣にも麩屋を作ろう」と、出資話が持ち上がった。粋な遊び人であった高祖父を偲《しの》び、旦那衆が遺族に行く末を導いた。きうと惣吉は、羽島市竹鼻で修業を積み、大垣に戻ってふや惣を旗揚げた。きうの信条は「奢《おご》ったらかん」。浅野家を救った旦那衆の温情を、片時も忘るべからずとした。

昭和二〇年（一九四五）七月二九日。準一郎さん九歳。大垣空襲で一家は焼け出され、小さなバラックで細々と家業を営んだ。昭和二四年（一九四九）、準一郎さんの父は、宮大工になけなしの七十万円を託し、店の建築を命じた。しかしあろうことか、大工は大枚を懐に雲隠れ。

家族六人は、三畳一間のバラックの中で項垂《うなだ》れた。だが今度は、本町筋の旦那衆が救いの手を差し延べ

た。「中学時代、試験の前日でも、関ヶ原や垂井まで掛《かけ》取《と》りにいかされたもんやて。借金返さなかんで」。

準一郎さんは静岡の大学へと進み、恩師の勧めで昭和三四年（一九五九）に高校の教壇に立った。しかし両親は、跡取りを学校に取られてなるものかと、半年間静岡へと交代で通い詰め、校長を拝み倒して息子を連れ戻した。

一昔前の麩屋は、小麦粉を澱粉とグルテンに分かつ、麩引き作業から一日が始まる。グルテンを取り出し、二人掛かりで足踏機を使って、一分間に八十回、それを小一時間踏み続け、麩のぬめりと色艶《いろつや》を引き出した。現在は機械化されたものの、やはり水都大垣の十四～五度の井戸水と気温、それに熟練職人の五感が欠かせない。

料亭の麩料理は、板長と麩職人とが互いに切磋琢磨し編み出す、一代限りの創作料理。準一郎さんは、五代に渡って受け継がれた三千にも及ぶ木型を見つめた。

創業一三五年。ふや惣の麩には、向こう三軒両隣の本町人情と「奢ったらかん」と言い続けた、きうの信条が練り上げられ、人肌たおやかな触感を今に醸《かも》し出している。

風呂屋女将

"団欒《だんらん》の場"守り　履物だけで客がわかる（三重県伊勢市）

洗面器の中石鹸《せっけん》箱が鳴る
泥んこ顔で妹と二人
一番風呂の先を競った
背伸びで小銭を差出すと
番台越しにお婆の笑顔
湯気立ち込める向うから
壁の赤富士背負った隠居
手拭《てぬぐい》頭に浪花節《なにわぶし》
意味もわからぬ二人でも
湯屋《ゆや》の風情が好きだった
一番風呂は小さな褒美《ほうび》
世を下り行く隠居と
荒波に向かう子供らへ
神が与えた湯殿《ゆどの》の楽園

「おおきに。ええ湯やったわ。あんたに話したらなあ、心まで洗濯したみたいんなって、何や軽うなったわ」。湯浴み客は、思い思いの言葉を遺して番台を後にして行くと、伊勢市の喜楽《きらく》湯二代目女将・中村久子さん（六七）は笑った。「お客は、一日十人ないでなあ。履物見ただけで、誰やすぐにわかるんやさ。家族の風呂みたいなもんやでな」。

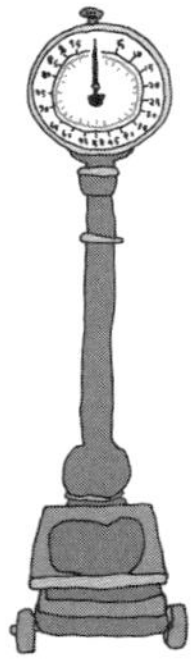

久子さんは昭和一一年（一九三六）、七人兄妹の末っ子として福島県に生まれた。戦後、中学卒業と同時に織工として集団就職で秩父へ。二年後理容師を志し、東京の北千住に住み込み見習を始めた。唯一の楽しみは銭湯通い。風呂屋の親爺から「あんた、そんなに風呂好きだったら、いっそ風呂屋に嫁いだらどうだ」と、からかわれる程だった。しかしその一言は、久子さんの運命を暗示した。理容師見習いの仕事も、板に付き始めた頃。電力会社勤務の一人

の青年が、久子さん目当てに床屋へ通い詰めていた。いつしか二人は恋仲となり、将来を誓い合う間柄となっていった。久子さん二二歳の夏。半年前に実家に戻った恋人を訪ね、夜行列車で伊勢を目指した。

「遊びに行くつもりやってん。そしたらここのお婆さんに口説き落とされてなあ…。とうとう気が付いたら、一生分のお伊勢参りしとったんやさ」。着の身着のまま、伊勢での暮らしが始まったとか。

「最初の頃は『阿呆《あほ》やなあ』って言葉に腹がたってなあ。人のこと犬畜生のようにって思てな。でも四五年も経つと、ええ言葉やわ」。久子さんの言葉に、東北訛《なまり》は見当たらない。

　銭湯の原型となる蒸し風呂の湯屋は、天正一九年（一五九一）江戸の銭瓶橋《ぜんがめばし》で伊勢与一《いせのよいち》が始めたとか。しかし昭和四五年（一九七〇）を過ぎると、銭湯は急激に姿を消し始めた。久子さんは昼間パートに出て、昔ながらのボイラーに製材所から出る木屑をくべ、わずかな客を待つ。

「馴染みの客ばっかやで、髪の裾揃《すそそろ》えたったりするんやさ。昔取った杵柄《きねづか》で。もういつやめてもおかしない。でも町の人らの団欒《だんらん》の場やで、気張れる限りはなあ」。久子さんの一生分のお伊勢参りは、今日も続く。

産婆

母の笑顔楽しみに　手一つで命受け止める

（愛知県東海市）

おはよう　行って来ます
ただいま　おやすみ
早く君に逢いたくて
毎日話しかけたものです

こうして　ああして
君との出逢い　思い描き
月の満ち欠け数えながら
ぼくらは父と母になった
ようこそわが家へ
ようこそ愛《いと》しき君よ

「この手で一万人の命を取り上げて来たんやで。道具なんて要《い》らん。この手一つあれば」。東海市の山口助産院・助産婦（助産師）の山口みちるさん（六九）は、両手を差し出した。弾力のある、温かく大きな手。一万の命が、この手の中で産声を上げた。

「大きくても小さくても、赤ちゃんの命の重さはみんな同じ」。命の重さを受け止め続けた、みちるさんは豪快に笑った。

みちるさんは三重県菰野町で昭和九年（一九三四）に誕生。小学生の頃には、産婆の母を手伝い、命の誕生を間近で見つめた。伊勢市山田日赤の黒衣の看護服に憧れ、日赤看護学校へ。卒業後、京大助産婦学校を経て、昭和三二年（一九五七）に晴れて助産婦として山田日赤へ舞い戻った。昭和三四年（一九五九）七月には、名古屋中村の第一日赤に転勤し、寮生活を開始。

九月二六日午後七時、最大風速三十七メートルの暴風雨を伴い、二〇世紀最大の気象災害をもたらした伊勢湾台風が、名古屋港の満潮に合わせ上陸した。通常よりも三・四五メートルも高い高潮だった。こ

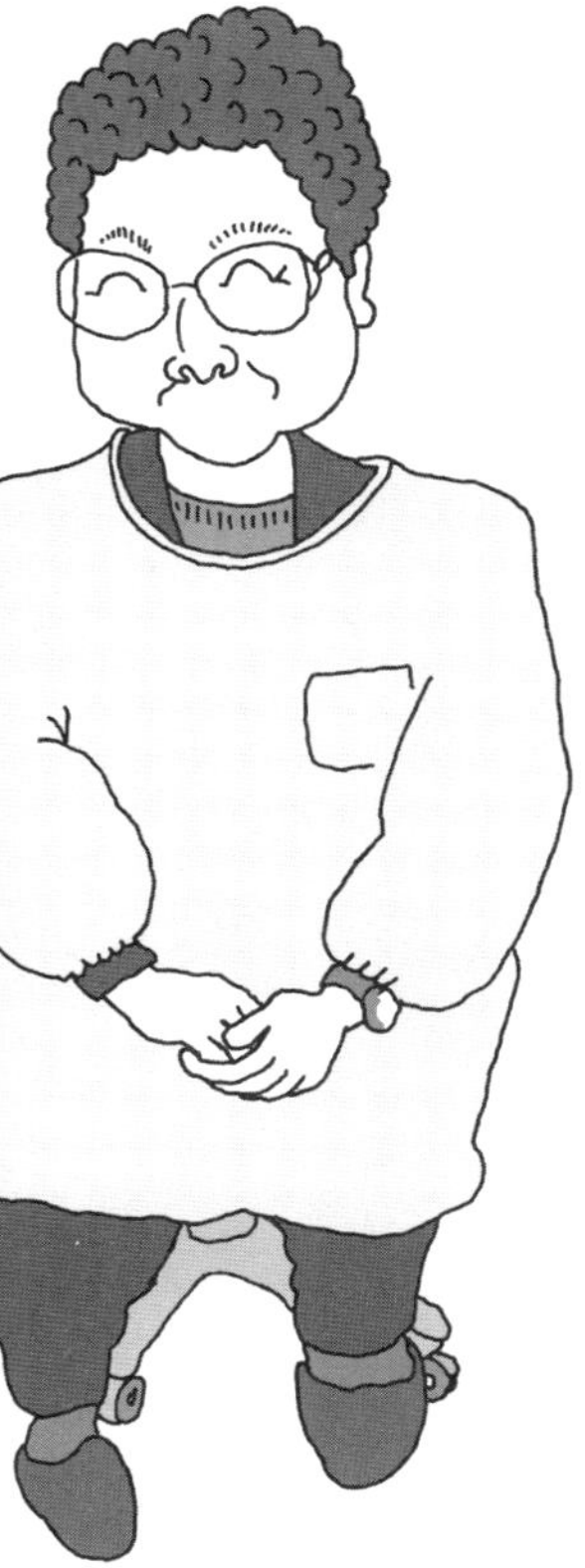

の日当直だったみちるさんは、午後七時からわずか二時間で、四人の赤ちゃんを取り上げた。

「『潮が満ちるとか、月が満ちる』いうやろ。月はまさに臨月のことやでな。必死んなってバケツで水を掻《か》き出したもんやわ」。後の記録によれば、伊勢湾台風による全国の死者・行方不明者の数は、五千九十八人に及んだ。しかし、停電で真っ暗になった病室の片隅では、小さな四つの命が確かな産声を響かせていた。寮母さんの口利きで、みちるさんは昭和三六年（一九六一）、義母が助産院を営む山口家に嫁いだ。

「結婚する時、仕事は手伝わないと、誓約書交わしたのに、忙しそうな義母をみるとつい手が出て…」。みちるさんは、安易な陣痛誘発剤の使用に疑問を感じるという。「赤ちゃんはな、S字産道潜《くぐ》って産まれる瞬間を、自分で調節しとるんやで。自分の力で肺呼吸するためにな。それを薬で『早よ出ろ』って追い出すようなもんやでな」。

「お母さんが初めて赤ちゃん抱いた時のあの笑顔。産婆への何よりの褒美《ほうび》や」と、笑うみちるさん。

メーテル・リンクのミチルは、幸せの青い鳥を探す物語。名付親はみちるさんの行く末を見越し、青い鳥のミチルと、潮と月が満ちるの想いを込め、そう名付けたのだろうか。

神棚指物師

父の志継ぐ天童　指先一つで故郷に錦

（岐阜県高山市）

信心深くもないぼくが
柏手打って神頼み
隣の駅で見かけるあの娘に
恋する心が届きますよう
縁結び名高き神のご利益か
席を譲った老婆がまさか
義理の祖母になろうとは
赤子抱くあの娘寄り添う宮参り

半世紀も昔。「昭和の甚五郎」と呼ばれた天童がいた。岐阜県高山市の神棚指物師《かみだなさしものし》・岩花憲徳《としみち》さん（七六）のことだ。憲徳さんの父は、高山で手広く事業を拡げ、当時としては珍しい大恋愛の末、同県岩村町から妻を迎えた。誰もが羨《うらや》む幸せ絶頂の中、一粒種が昭和二年（一九二七）に誕生。だがその幸せの輝きは、闇夜の蛍よりも儚《はかな》かった。程なく父は事業に失敗し、一家は名古屋へと落ち延びた。

憲徳さんが二歳の年、再起を果たせぬまま父は他界した。遺された母は、幼子を抱きかかえ、故郷岩村町に兄弟を頼った。だが転がり始めた坂を、止める術などどこにもなかった。神は一家を突き放すかのように、今度は母の命を召し上げた。四歳の憲徳さんは、天涯孤独の身と成り果てた。

「よう学校で『捨て児や』って虐《いじ》められたんや。でも得意の工作で見返したったんやて」。それが評判を呼び、いつしか天童と讃えられた。昭和一八年（一九四三）、育ての親への孝行にと、命を差し出す覚悟で予科錬を志願。しかし敢《あえ》なく二次試験に落ち、結果一命を取り留めた。終戦から三年、貧しくも平穏な暮らしが村に戻った頃、兄妹同然に育ったいとこの嫁入り話が持ち上がった。憲徳さんは、せめてもの祝いの品にと、昼間の野良作業を終えると、寝る間を惜しんで嫁入り道具作りに没頭。見よう見まねで、桐の夫婦箪笥から下駄箱までを仕上げた。馬車に積み込まれた嫁入り道具は、村中の評判を誘い注文が殺到した。

それから三年、一家三人が夜逃げ同然で後にした、高山へと一人舞い戻った。桐と漆《うるし》箪笥専門店に職人として勤め、二九歳で妻を迎え自らの手で家を建てた。四九歳で箪笥店を辞すと、京都へ頻繁に出掛けては、試行錯誤の末、設計図を引き、工夫を重ねながら百八十種に及ぶ神棚作りを開始。「神棚は、神様に住んでいただく聖なる神殿や。相次いで両親を亡くした時は、神も仏もないと思ったもんやけど、何とかここまでこれたんは、やっぱり神様のご加護やて」。憲徳さんは、真っ黒な指先を見つめた。

お家再興を果たせず散った父の志を、昭和の甚五郎と呼ばれた天童は、己の指先一つで神をも味方に引き寄せ、半世紀以上を費やして見事故郷に錦を飾った。

（※二〇〇四年三月二三日永眠）

簾職人

際立つ意匠　波や鳥、控えめに仕掛け

（三重県津市）

旦那の代わりのお遣いは
隣の町のお店《たな》まで
ご苦労さんと労《ねぎら》われ
土間で番茶を一啜《すす》り
簾《すだれ》越しに揺れる影
清楚可憐なお幼《いと》はん

一日お顔を拝みたい
一言言葉も交したい
身の程知らずの片想い
簾隔《へだ》てる淡き恋

「二塁手の二番。甲子園の高校球児やったんさ」。一畳ほどの作業場に座し、苦竹《にがたけ》を裂く手を止め阿部久司さん（六七）は、壁の写真を指差した。三重県津市で明治二〇年（一八八七）頃から続く阿部久《きゅう》すだれ店の三代目だ。久司さんは、昭和一〇年（一九

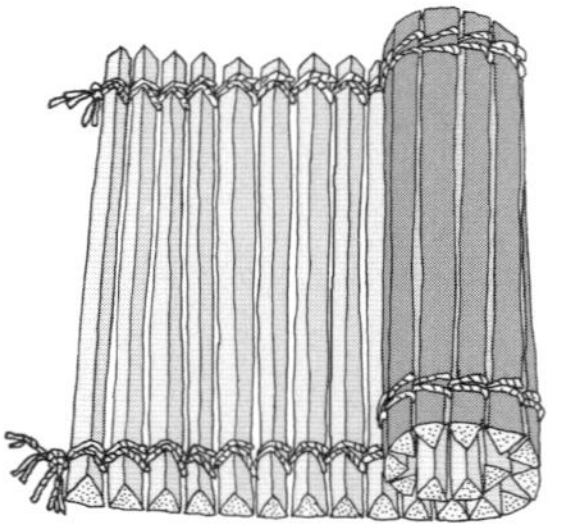

三五）に生まれ、津高校へ進学した。「名門やったで、大学へ行きたかった。でも親爺は店継げ言うて認めてくれやんで。進学あきらめて、代わりに野球に打ち込んだんやさ」。

高校三年の夏、久司さんは甲子園の土を踏んだ。初日の第三試合、対する相手は宇都宮工業。グラウンドに落とした影が長く伸び始めた頃、ナインの健闘も空しく、二対一の僅差で敗れ、津高校野球部と久司さんの夏が終わった。

「今し、みんな甲子園の土持ち帰るけど、忘れてもうてなあ。後で貰《もろ》てきたんさ」。高校を出るとすぐ、職人見習が始まった。春から夏は簾《すだれ》。秋から冬は竹篭《かご》作りと、朝から深夜まで作業に追われた。ある日町内の若者達からスキーに誘われたが、仕事に追われそれどころではなかった。その日、初めて先代が久司さんに侘《わ》びた。一刻な職人が、父親として

の顔をわずかに覗かせた瞬間。「働くことは苦にならんだ。でも帰省した連れが角帽姿やで、一緒に歩くのんが一番かなんだ」。心のどこかに負い目を感じたからだ。

「簾一枚垂らせば、向こうは別世界やでなあ。昔の人らの知恵は大したもんや」。お座敷簾も、神社仏閣の御翠簾《おみす》も、竹籤《ひご》を自家染めの綿糸で編み込む簡素な作り。波や鳥をあしらう意匠は、竹籤の節を少しずつずらして編み込み、遠目越に図柄を浮き立たせる。その控え目な仕掛けが簾の味を一層際立たせる。

神社仏閣からは、二百年ほど前の御翠簾の修理も依頼される。「竹籤に二百年も前の日付と、職人の名が刻み込まれとるんやで。そんなん見るとなあ、まだまだ自分はヒヨッコや思て」。右利きの久司さんは、左包丁を買求め、竹籤の太さに応じて刃先を削り込み、竹の皮剥ぎ用の道具に仕立て上げる。

「これも職人の大事な仕事のうちやで。でも今までようけ失敗して、刃みんなこぼしてもうた」

無駄一つない動きの指先を、片時も休めず久司さんは笑った。

洋服仕立職人

良い服は心の福　ダンディズムの歴史刻み（愛知県蒲郡市）

うちは魔法の館やで
みんな嘘や言うけれど
入口潜《くぐ》るただのおっさん
帰りは気取ったモボになる

うちの父さん魔法使いやで
唱える呪文教えたろか
シャキシャキ鋏《はさみ》の音がして
カシャカシャミシンが音立てる

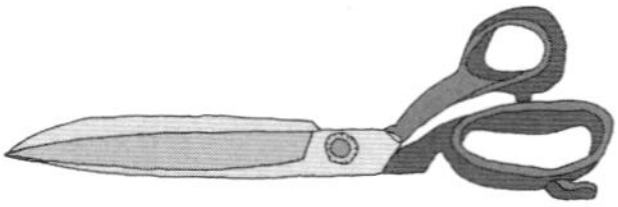

「大正末から昭和の初めにかけてのモボ（モダンボーイ）は、東京銀座でのお話。ここらでは、三つ揃えの背広に足袋《たび》、それに下駄履きだつたようです」。和洋折衷が織り成す、当時の不思議な光景が浮かんだ。愛知県蒲郡市で昭和九年（一九三四）創業のノサキ洋服・二代目の野崎龍也さん（五六）は、そう話し始めた。

龍也さんは、戦後間もない昭和二一年に誕生。「敗戦で物資も乏しく、当時は進駐軍払下げのシーツでYシャツを誂《あつら》え、軍服をスーツに仕立て直した」とか。羅紗切鋏《らしゃぎりばさみ》の音と、足踏みミシンが発する規則的な音を、子守唄代わりに成長した。高校卒業後上京し、夜間大学に通いながら東京洋服学校へ通い、裁断・縫製・ミシンかけを学んだ。アイビールック隆盛の東京暮らしを身に着け、龍也さんは意気揚々と帰郷した。しかし中卒で住み込み、先代の下で修業を続けて来た同世代の職人には、とても太刀打ちできなかった。

「職人が寝静まるのを待って作業場へ。先輩たちの仕立て方を懐中電灯点《つ》けて盗み見るんです。気付かれないよう、物音立てずにトイレも行かず。でも翌朝『昨日は夜鼠《よねずみ》がうるさかったなあ』って、先輩に言われて」。

仕立て職人への道程《みちのり》は、スラックスに二～三年、ベストに二年。上着に三～五年を費やし、やっとモーニングやタキシード、燕尾服へと腕を上げる。

まず客の体型を目で測り、好みの色を見極める。「今着ている服装を見ればわかります。大嫌いな色は絶対に入っていませんから」。龍也さんがメジャーを使うのは、あくまで目測を確認するためだと言う。服地が決まれば裁断、仮縫いへと続く。ここまでの作業はほんの十分の一。

着せ付け後は、仮縫いを解《ほど》いて分解し、身体的な特徴に応じて補正を加え縫製へ。仕上がりまで二週間。射るような職人の眼に晒《さら》され、金糸《きんし》でモボの影絵を織り込んだ見返しのネームタグが、職人の誇りと共に縫いこまれる。

今なお三代続く客も多い。「良い服を着れば、心も福をまとう」。龍也さんは、年代物の鋏を取り出しそうつぶやいた。代々親方だけに持つことが許された、手打ちの羅紗切鋏だ。重厚な面構えの鋏は、七〇年におよぶダンディズムの歴史を宿し、浪漫を秘め鈍色《にびいろ》の光を放った。

珈琲職人

七六年前の香り引き立つ変わらぬ手法

（岐阜県岐阜市）

朝昼晩　3杯の珈琲《コーヒー》
いつもの店　いつもの席
「お待たせしました」
いつもの君の声がした

いつもかわらぬ珈琲が
今日は何だかほろ苦い
小さな店を見渡せば
君と似つかぬ声がする

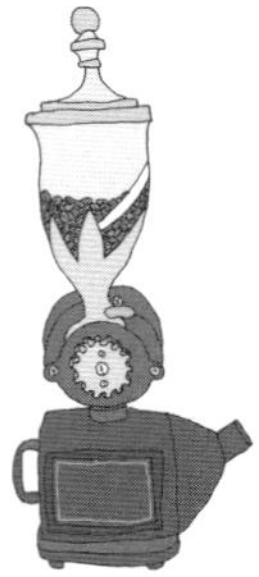

「終戦前後に三回も焼け出されたんやて」。テーブルの前にちょこんと腰掛け、老婆は語った。柳ヶ瀬の一角、岐阜市日ノ出町で昭和二年（一九二七）から続く、たつみ茶寮《さりょう》・二代目女将の竹中さがみさん（七九）だ。

女将は大正一三年（一九二四）、同県安八町に生まれ、一六歳の年に初代夫婦の養女として迎えられた。この年、昭和一六年（一九四一）、七・七禁令が施行され、珈琲は贅沢《ぜいたく》品の槍玉に挙げられた。戦争拡大は、国民生活を日毎蝕み、翌年三月にはゴールデン・バットも敵性語として金鵄《きんし》に改められた。農林省は代用珈琲の原料を、さつま芋やユリ根に規格化した。「横文字看板を取り替えた店もあったんやて。ここでは、珈琲は珈琲って言うとったけど」。

昭和一九年（一九四四）正月、芝居小屋の金華劇場から、煙草の不始末で出火し一帯が類焼。一家は鍋屋町に居を構え移り住んだ。それも束の間、翌年七月九日、八百六十三人の命を奪い市中を焼き尽くした岐阜空襲で、再び焼け出された。何人たりとも戦禍に抗《あらが》うことなどできず、呆然と玉音放送に耳を傾けた。

昭和二二年（一九四七）、疎開先を引き上げ、現在地で店を再開。女将は美容師の資格を取得し、店

の二階に美容室を構えた。やっと戦禍の呪縛から解き放たれ、生きる希望が輝き始めた時だった。だが今度は、目と鼻の先の映画館が出火。火の手は一気に近隣を襲った。「まんだ買ったばっかやった、電髪《でんぱつ》の機械も黒焦げやて。一階の店は水でベッタベタやったし」。三度目の貰《もら》い火は、二階の美容室だけを焼き尽くし、夢は呆気《あっけ》なく潰《つい》えた。昭和二七年（一九五二）、北海道出身の博さん（故人）と所帯を持ち、店を切り盛りした。翌年には、テレビの本放送でプロレスが中継され、力道山の空手チョップに人々は歓喜。「天皇家と同じじゃいう一番大きなテレビ買って。それが評判呼んで、プロレス始まると超満員やったて」。昭和三〇年（一九五五）には、三代目を継ぐ一粒種の英次さん（四八）をもうけた。

　未だに、戦前の大型ミルで七種類の豆を挽き、創業時と何一つ変わらぬ手法で珈琲を立てる。「商いだけに、飽きんとやってこれたんやて」。逆境を生き抜いた女将は、七六年前と変わらぬ珈琲を差出した。こくのある深い薫りに導かれ、ちょっぴり切ない昭和初めのハイカラな味が、喉の奥に広がった。

＊「七・七禁令」／奢侈（しゃし）品等製造販売制限規則。
「電髪」／パーマネントの旧称。

蒲鉾職人

伊勢蒲鉾《かまぼこ》　神様の素材にこだわり一世紀

（三重県伊勢市）

辛い思いを抱いた夜は
駅舎の待合室にいた
故郷《ふるさと》からの汽車が着き
お国訛《なま》りを目で追った

母恋しさに寝れぬ夜は
故郷《こきょう》に向いた窓を開け
煎餅布団《せんべいぶとん》に包《くる》まって
母の鼻歌口ずさむ

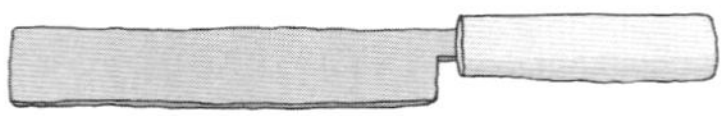

「丁稚奉公《でっちぼうこう》の頃は、窓が伊勢へ向いとるだけで、なんや嬉して、そんだけで幸せやったんさ」。美濃豊松さん（六二）は、水仕事で真っ赤になった手を揉みしだいた。三重県伊勢市で明治三八年（一九〇五）創業の蒲鉾《かまぼこ》店「若松屋」三代目、豊松さんは、昭和一六年（一九四一）に伊勢の台所として参宮客で賑う河崎に生まれた。しかし戦時の暗雲が重く垂れ込め、統制経済の影響で店は休業を余儀なくされた。戦後の混乱期には、正直者が馬鹿を見た。「魚の頭落として、身だけ籠《かご》の下へ入れ、粗《あら》で上っ面隠して。皆上手いことしとたらしい。でも家《うち》の親父は、ようせんかって休業のままやさ。お陰で皆客取られてもうて」。終戦後一年を経て、ようやく店は再開。

豊松さんは小学生の頃から店を手伝い、高校卒業と同時に「しばらく他所《よそ》で冷や飯喰うて来い」と、大阪尼崎の蒲鉾屋へ丁稚奉公に出された。早朝四時に起き出し、食事はまな板を食卓代わりにして、立ったまま掻《か》き込んだ。夜遅く仕事を終えると、疲れ果てた足で梯子《はしご》を上り、屋根裏部屋に崩れ込んだ。

「阪神が負けると、大ファンの番頭が、腹癒《い》せにバケツで水ぶっ掛けよって、かなんだわ」。しかし豊松さんは、辛かった丁稚時代が、今でも一番の宝だという。二年に及ぶ冷や飯修業を終え、伊勢に戻り先代の下で家業に明け暮れた。二七歳の昭和四三年（一九六八）に妻を娶《めと》ると、孫の成長を見納めに、創業者であった祖父が息を引き取った。それからわずか一年足らずで、今度は二代目が後を追うように身罷《みまか》った。三〇歳にして、店を築きあげた二人の先達を失い、途方に暮れながら三代目を襲名。

　豊松さんの蒲鉾には、最高級のグチやエソを始め、伊勢に水揚げされた地元の白身魚が使われる。下ろした身に塩を加え、粘りが出るまで磨《す》り潰し、魚の煮汁と砂糖や味醂を加え、秘伝の味に整える。仕上げは蒲鉾の付け板に、刃のない付包丁《つけぼうちょう》ですり身をこんもりと半円型に盛り付け、着色した紅色のすり身を上塗りする。

「伊勢の杜《もり》が清めた水は、川を下り豊な伊勢の海を作るんやさ。神様が与えて下さるこの土地の素材にこだわつて、納得いく味出さんとな」。

　神領《しんりょう》河崎生まれの誇りを、白身魚と共に練り上げる伊勢蒲鉾は、一世紀前の風味をそのまま、現《うつつ》を生きる我らの舌に運び来る。

質屋

庶民の金融屋　失敗の痛みから学ぶ（愛知県豊橋市）

やっとデートに漕《こ》ぎ着けたのに
給料前の間の悪さ
急な用でと彼女を待たせ
質屋の暖簾《のれん》に駆け込んだ
舶来時計がステーキに
見栄《みえ》を通すつもりのはずが
勘定書きに目を剥《む》いて
彼女の財布に縋《すが》る失態
それがご縁で結ばれてみりゃ
子守り洗濯　質奉公《しちぼうこう》

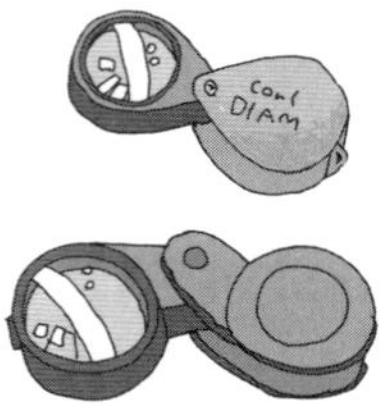

「昔の職人さんは、朝飯の残りが入ったお釜を、仕事の出がけに質入れし、その日の日当で帰りがけに質請《しちう》けしたらしい。よう先代が言っとった」。店先を監視するテレビモニターを眺めながら、愛知県豊橋市で明治末期創業「佐野質店」二代目店主の佐野悦子さん（六七）は笑った。悦子さんは昭和一〇年（一九三五）新城市の農家に生まれ、二四歳で縁あって質屋の嫁に入った。それから半年後には、店を任され質草《しちぐさ》の値踏みを恐る恐る始めたという。

「質屋は決断力と度胸だけ。それが身に付くまでに一〇年はかかるわな。恥かしい話しだけど、今までどんだけ失敗したか」

戦前の質屋では、大八車や僧衣といった、今では想像を絶する質草もあったそうだ。「下駄履きの気楽な庶民の金融屋だで」。悦子さんの許《もと》には、様々な客が訪れた。「たった今監獄から出てきたと凄んでみせる者。子供の給食代をと駆け込んで来る母親」もいた。また、子連れの母親から、一銭の値打ちもないものを質草に差し出され、つい情に絆《ほだ》され拒めなかったことも一度や二度ではない。客と対座する

ガラスの向こうに、必死で生き抜こうとするそれぞれの人生があった。「今は贅沢《ぜいたく》な貧乏が多い」。悦子さんはつぶやいた。「外車を横付けして、舶来もんの時計を質入して行く時代だで」。昔は、今日を生き抜くために質屋を頼った。

「あのプラチナ、あんたが取ったんだった？」「それはお母さんが」。三代目を継ぐ長男の嫁、真理子さん（三二）が口を挟《はさ》んだ。二年前の閉店間際、五〇代半ばの品のいい女性が店に現われた。「これで」と、真珠が埋め込まれたプラチナの指輪を差し出した。本来プラチナの真贋《しんがん》は、比重計で識別するが、真珠を埋め込んであるためそれが出来なかった。悦子さんは、自分の眼力を信じ引き取ったが、まんまと贋作《がんさく》にしてやられた。

「質屋は、失敗が家宝だで。痛みを知らなかん。でも人を疑ってばっかでは寂しいでな」。誰にともなくつぶやいた。この世は所詮、持ちつ持たれつ。客との間を分かつ一枚のガラスは、この世を必死に行き抜く庶民の辛苦を、どれだけ見守って来たことだろう。

筆師

「会心の一本」求め　美濃唯一人の筆匠（岐阜県美濃市）

君がこの世に生まれた夜は
何度も筆を走らせた
どんな娘になるのだろうと
授けし名前読み上げた

平凡なれどただ健やかに
親の想いが筆を追う
仮名の墨痕《ほっこん》和紙に滲《にじ》めば
命も宿る君の名に

今は既に絶えてしまった、名古屋筆。その最後の職人、故古田理一《りいち》さん。空襲を逃れ郷里の美濃に戻り、生涯の内の七〇年を筆結《ゆ》いに捧げた。「会心の一本は、一年に一回あるかないかやて」。岐阜県美濃市の古田毛筆・二代目筆匠《ひっしょう》・古田久規《ひさのり》さん（五三）は、斜め前に座す妻をみつめた。

玄関脇の小さな作業場。年季の入った作業机を挟み、夫婦は黙々と指先を操る。「子供の頃は、ここが遊び場やったんやて」。先代夫婦もここに座し、秒刻みで動く世間の慌ただしさを他所《よそ》に、緩やかな時を静かに刻み続けた。

二十歳《はたち》の久規さんは、名古屋の青果市場に就職した。決して父を継ぐのが嫌だったからではない。高度成長期は誰もが浮き足立ち、書を嗜《たしな》む心の余裕など見当たらず、筆の需要が落ち込んでいたからだ。それから七年後、久規さんは妻の公代さん（五〇）を迎え、美濃に戻り先代と共に筆作りを始めた。徐々に筆の需要が増して来ていた。先代夫婦と新婚間もない久則さん夫婦は、机を挟み寡黙に筆を結った。

筆の命ともいうべき毛は、中国産のイタチの尻尾。毛の油分を抜き取るため、夏は一～二週間、冬なら二週間～一カ月、土の中に埋め置く。土から取り出した後、綿毛を取り除き、湯で三〇分ほど煮て乾燥させる。そして毛の長さを揃え、籾殻《もみがら》や蕎麦《そば》殻《がら》の白い灰で、毛が摩擦で温かくなるまで揉みしだき油を徹底的に抜き取る。さらに十一～十二種類の分板《ぶいた》で毛の長さを合わせ、真鍮《しんちゅう》製の寄せ金で揃えて元を切る。先混ぜと呼ぶ筆先から喉《のど》までの部分には、タヌキの毛と四～五種類の長さの毛を混ぜる。その下の腰《こし》混ぜには、鹿の毛と四～五種類の長さの毛を練り混ぜ、丸く芯《しん》立《だ》てをしてから上毛《うわげ》で化粧巻を施す。

　そして最後に毛の根元を麻糸で緒締《おじ》めし、電気鏝《ごて》で焼き入れた後、軸に挿《す》げこむ。

「一番ええのは、雄のイタチの冬毛やて。動物は夏と冬とで生え変わるけど、人間だけはもう二度と生え変わらんでな」と、久規さんは白髪混じりに薄くなった頭を小突いた。公代さんがこっそり笑った。

　一本の筆に三十数手の工程。途方もない時間と細かな手数が惜しみなく注ぎ込まれる。「弘法筆を択《えら》ばず」。だが美濃に唯一人の筆匠は、敢えて筆作りに生きる道を自ら選び取った。

船番匠

和船伝承十三代目　最後の〝舵取り〟

（三重県伊勢市）

勢田川口《せたがわぐち》の　船溜《ふなだま》り
村の童《わらべ》が　声上げて
船蔵目掛け　駆け出した
今日は直会《なほらひ》　船卸《ふなおろし》

船大将の　掛け声で
水主《かこ》が船手《ふなで》に　お神酒《みき》撒き
伊勢の港に　漕《こ》ぎ出せば
朝日に映える　船標《ふなじるし》

「家《うち》の先祖は、海賊船造っとったんやさ。孫爺《まごじい》さんからよう聞きよったでな」。三重県伊勢市、兵作《ひょうさく》屋こと出口造船所。十三代目の出口元夫さん（七八）は、潮焼けした赤ら顔で笑った。創業は貞享二年（一六八五）に六二歳で没した始祖「兵作」が、船造りを始めた一六五〇年代ごろ。

元夫さんは、大正一三年（一九二四）に生まれ、東京工学院造船科に学んだ。昭和一九年（一九四四）一二月、伊勢に戻ると召集令状が届いた。出征祝いの宴《うたげ》の最中《さな》か、空襲警報が鳴り響き、電灯を笠で覆い酒宴を続行。「明日の朝早《はよ》に出たらええ。一日でも家で寝て行け」。父は元夫さんとの別れを惜しんだ。一年半後の復員を、誰よりも待ち続けた祖父は言った。「お前の顔見たで、いつ逝《い》ってもええわ」。三カ月後、その言葉通り安らかに息を引き取った。

戦時中、多くの漁船は徴用に取られ、人々は空腹を満たす漁の再開を求めた。兵作屋は漁船の建造に沸き、棟梁《とうりょう》の下、和船造りの厳しい修業が始まった。元夫さんは材を求め、自転車を四時間も走らせ、宮川上流へと通っては、山を学び木を学んだ。「細かい年輪の赤みがかった朝熊《あさま》杉は、曲げても折れやんでな。強風に晒《さら》される所の木は『揉《も》め』言うてな、中が傷んどるんやさ。それを知らんと使《つ》こたると、淦《あか》が出る（浸水する）んやさ」。樹齢一五〇年、太さ七十センチメートルほどの丸太を宮川に落し、筏《いかだ》を組んで勢田川河口の船蔵《ふなぐら》へと運び、木挽《こび》きで引揚げる。棟梁が板に十分の一の大きさの設計図を描き、

それを頼りに船大工たちは鋸《のこ》を引いた。

戦後の狂乱物価は、一隻二十五万円の漁船を、わずか一年足らずで百六十万円に跳ね上げた。「契約した時の金額は、材木代で終《しま》いやさ」。漁船需要が一段落した昭和二五年（一九五〇）からは、最後の

和船時代を築いた団平船《だんぺいせん》と呼ばれる伊勢特有の運搬船造りが始まった。しかしそれも昭和四〇年（一九六五）に入ると、需要が激減し本格的な洋型船時代が到来した。

「和船の伝統を残したいと、博物館の展示用に造らんか言う話もあるけど、船を陸《おか》に揚げてなとする。金捨てるだけやで。船は海原駆けてこそ船やでな」

伊勢和船、最後の船番匠《ふなばんじょう》は三五〇年前と、何一つ変わらず潮を打ち寄せる、伊勢の海原をみつめた。

活版屋

時代の合わせ鏡　歴史の変遷刷り込む

（名古屋市中村区）

蚊の鳴くような小さな声で
「はじめまして」と君が言う
ガチャコン　ガチャコン
輪転機の影から「よろしく」と
父は真っ黒な手を差し出した
思わず君が身を引いた

「何の構いもできませんが」と
母は黒い手のまま茶を入れた
ガチャコン　ガチャコン
帰り道真面目《まじめ》な瞳で君が問う
「インクに塗《まみ》れた手をしても
あなたは家族を守れますか」と

ガチャコン　ガチャコン
「お茶よ！」の声に振向けば
真っ黒な手に盆を持つ
乳飲み子背負う君がいた

「まあこれ見てみやあ。他に人に誇れるもんもないで」。男は両手にペンを持ち、右手は正体の漢字を、左手で漢字を裏返した逆さ文字を、見事同時に描き上げた。名古屋市中村区の尚栄社印刷所・二代目・鳥居朋由《ともゆき》さん（六二）だ。「もう何の役にも立たんでかん」。「それなら俺も小学生の頃よう書いた。先生や友達が不思議がっとったって」と、隣で三代目を継ぐ泰夫さん（三六）が思わず童心に返った目をした。

　朋由さんが工業高校土木科を卒業した翌年、昭和三三年（一九五八）。それまで工場を持たず印刷の斡旋《あっせん》を糧《かて》にした父が、輪転機を購入し活版印刷所を開業した。「親父も活版屋を始めるんだったら、早よそう言ってくれたら…土木なんか習わんで済んだのに」。朋由さんは父の活版屋に入り、職人について原稿片手に鉛の活字を拾う「文撰《ぶんせん》」、真鍮《しんちゅう》製のステッキに組み込む「植字《しょくじ》」、印刷を終えた後、活字を元に戻す「返版《へんぱん》」を徹底的に仕込まれた。

「一番油が乗っとった頃は、タイプ打つのと変わらんスピードで活字を拾っとったでなあ。まるで麻雀の盲牌《もうぱい》や」。「私もこの子乳母車に乗せたまま、よう返版手伝わされたわ」。紀子さん（五九）は、泰夫さんを指差して笑った。しかし昭和五〇年代に突入すると、グーテンベルグの発明以来、世界に君臨し続けた活版印刷は、写植文字に取って代わられ三百数十年の歴史に幕を下ろした。

　三代目・泰夫さんは平成元年（一九八九）、大学卒業と同時に跡取りを決意。「七〇歳になっても、お爺さんが重い荷物運んどる姿見ると…」。たったの一年ではあったが、まるで橋の渡り初《ぞ》めのように三代揃い踏みの仕事が始まった。初代は、さぞや晴れがましい想いで、毎日を送ったことだろう。孫の成長をその目でしかと見届け、二年後にこの世を去った。

「印刷屋は時代の合せ鏡のようなもんだわ。その時代その時代を切り取って、歴史の一頁《ページ》を刷り込むんだで」
　町の活版屋・朋由さんは、いつの間にかインクの黒ずみが抜け去った指先を、愛《いと》おしそうに見つめた。

眼鏡士

眼鏡百年「レンズ」に挑み新技術へ（岐阜県岐阜市）

何度眼鏡を新調しても
老いた父はその都度無くし
古びた昔のロイドメガネ
箪笥《たんす》の隅から取り出した

父の形見を片付けながら
ロイドのケースに目を止めた
古びた紙片に「ご苦労様」と
在りし日　母の面影筆運び

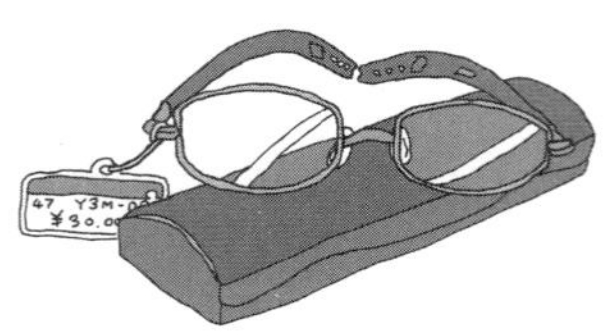

「昔は印判《いんばん》屋が片手間に、舶来品の眼鏡を扱ったんやて」。岐阜市柳ヶ瀬の賞月堂・三代目、木《き》方《かた》清一郎さん（七七）は、背筋を伸ばし柔らかな物腰で語り出した。明治七年（一八七四）生まれの初代・千代五郎は、一一歳で印判屋に奉公に上がり、明治二六年（一八九三）に賞月堂を創業。清一郎さんは大正一四年（一九二五）に三代目として生まれ、名古屋工業専門学校（現、名古屋工業大学）電気工学部へと進学した。しかし日増しに戦況が悪化する中、昭和二〇年（一九四五）一月に出征。復員後学校に戻ると、無残な学び舎《や》の残骸を目にした。

「いつから授業できるかわからん。もう校舎もあれへんで、あんたもう卒業だわ」。そう言われ藁半《わらばん》紙《し》の卒業証書を受け取った。授業を受けたのは一年足らず。物も人も何もかもが不足していた終戦直後の混乱は、藁半紙の卒業証書といえども金の卵に値した。技術者不足に悩む企業が、全く技術もない清一郎さんに、一月二百二十円の高給を提示した。「ちょうど家《うち》も空襲で焼かれ、そんなに貰《もら》えるんやったら勤めに行けと言われてなあ」。昭和二三年、焼け跡から復旧した賞月堂に戻り、妻を迎え家業を継いだ。「昭和三〇年代は、一番忙して。

特に花火と盆暮れは、番号札配るほどやったって」。高度経済成長と歩調を合わせ店を拡大した。
「戦前はロイドメガネ。戦後はマッカーサーのレイバンばっかやった」。しかしやがて時代は、大型専門店化へ。三代続く老舗といえども、もはや安堵《あんど》してなどいられない。
清一郎さんはそんな危機感から、長男伸一郎さん（五〇）の大学卒業を待ち、英国留学へと送り出した。当時日本では、誰一人習得していなかった、英国の国家資格であるオプトメトリスト（眼鏡士《がんきょうし》）の資格を得るため。「眼鏡をモノとして扱った時代は終わりました。眼鏡を必要とする人が網膜に感じる〈自覚〉と、検眼師が測定する客観的な数値による〈他覚〉とを組み合わせ、最適なレンズでどう視力を補うか。それが今は求められています」。まるで学者のように穏やかな口調で語る四代目の言葉に、誠一郎さんは黙ってうなずいた。
印判屋の眼鏡屋に始まった賞月堂は、日本に一握りのオプトメトリストを擁《よう》し、鮮明な視力回復に貢献すべく、百年を経た今も頑《かたく》なに挑み続ける。

薬師

学び無限大

「漢方には終わりなし」（三重県名張市）

病の床の　母の背を
そっと擦《さす》って　夜を明かす
微《かす》かな寝息　響くたび
幼き日々が　蘇《よみがえ》る

風邪に咳込む　ぼくの胸
母は夜通し　手を添えた
世に妙薬は　数あれど
あの温もりが　天下一

母の痛みは　取れぬとも
せめて孝行　真似てみた

「この人なあ、二〇年も前から決まって月に一回、京都で勉強や言うて一泊で出かけるんやさ。最初は嫁も『京都に女でも出来たんやろか』って、皆が怪しんでなあ」。三重県名張市で二三〇年以上続く田中余以徳斉《よいとこせ》薬局の九代目・田中トミエさん（七五）は、十代目の英樹さん（五一）と嫁に笑いかけた。英樹さんの名誉は後程回復するとして話を先に進めよう。

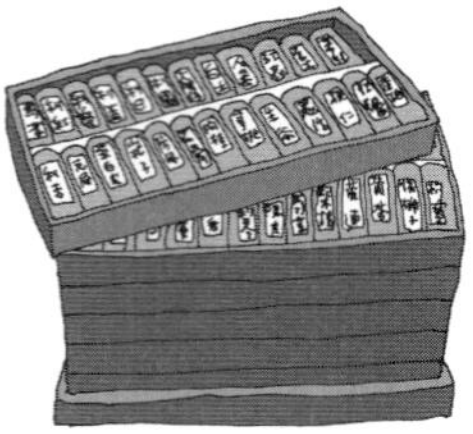

屋号に冠した余以徳斉とは、「余りを以《も》って徳を斉《せい》す」の意。創業当時より紀州徳川家への出入りが許され、婦人病に効果のある「白水龍王湯《はくすいりゅうおうとう》」を御側《おそば》女衆《めしゅう》向きに納めた縁で、藩主から拝領したとか。

トミエさんは奈良県榛原《はいばら》町に生まれ、昭和二四年（一九四九）大阪の帝国女子薬専を卒業後、戦後初の国家試験に合格し薬剤師となった。翌年田中家に嫁ぎ、明くる年に英樹さんを出産。「天井から薬草の入った油紙の袋がいっぱい吊り下がっとって『汚いな』言うて全部ほかしてもうた」。

敗戦は日本人の価値観を悉《ことごと》く豹変させた。漢方一筋を歩んだ田中家の歴史も、最新の薬学を学んだト

ミエさんには、時代遅れの産物に過ぎなかった。早速店を現代風に改装。入口に掲げられた漢方薬製造元の金看板は、見事に取り払われた。「廊下の渡し板代わりにちょうどええし、風呂の炊き付けにつこたった」。

英樹さんは、昭和薬科大学を経て国家資格を取得し帰省。二七歳で嫁を迎え、家業の行く末を思案した。同時に、対処療法中心の近代医学に限界を感じ、京都に出向き漢方の権威、渡邊武薬学博士の門を叩いた。「漢方には終りがない。学ぶことは無限大やで」。以来二二年、漢方に恋した男は、月一回の師との逢瀬《おうせ》を未だ待ち侘《わ》びる。

余以徳斉二三〇年の中で、激変に塗《まみ》れた昭和の中盤。店の生き残りを賭け、漢方を追いやるしかなかった空白の時間は、英樹さんの誕生で埋め合わされた。「立派な跡取で」と水を向けたら「はい。日本一の孝行者《もん》ですわ」と、トミエさんはニッコリ母の顔を覗《のぞ》かせた。「薬剤師が患者と向き合わず、処方薬を売るだけでは…」。別れ際そうつぶやいた、平成の薬師《くすし》の言葉に、心が大きく揺さぶられた。

表具師

一に色彩、二に技術　大経師の心根永遠に（愛知県岡崎市）

母の十八番《おはこ》の　芋饅頭《いもまんじゅう》
どれどれどれが　大きいか
迷う間に　手が伸びて
あっと言う間に　姉の口

憎っくき姉に　飛び蹴れば
襖《ふすま》ぶち抜き　大目玉
それが因果か　わからぬが
今じゃ表具師　襖貼り

「わしの腕をわかる者は、この岡崎にゃあおらん」。これは戦前、宮内庁より「大経師《だいきょうじ》」の位を得、東京大空襲に焼け出され、止むなく妻の在所を頼り疎開した、故原田好光の口癖だった。戦後再び東京で店を再興するが、時代の逆風に翻弄《ほんろう》された。「ほとんど喰うが先。こういう仕事は、贅沢《ぜいたく》品やでな」。愛知県岡崎市の錦昌堂《きんしょうどう》・二代目を継いだ直好さん（六四）は、父のつぶやきを真似た。

昭和二五年（一九五〇）一家は再び岡崎に舞い戻った。父は冒頭の言葉を吐き捨てては山へ分け入り、木炭車用の薪《まき》を切り出し一家を支えた。

一方、直好さんは中学を出ると上京し、婦人靴職人を目指し浅草の製靴会社に就職。昭和三七年（一九六二）、ついに父は大経師の腕に積もった埃を叩《はた》き落とし、岡崎で錦昌堂を再興した。二年後、東京オリンピックは、世界に焼け跡からの復興振りを示し閉幕。その年の暮れ、一日三十五足の婦人靴を仕立てるほど、熟練職人となった直好さんが帰郷した。オートメーション化の波が、職人から仕事を奪い取ったからだ。「今さら、会社員にもなれんし…」。直好さんは父の後を継ぐ決心を固め、修業を始めた。

掛軸の主役となる書画を、大和和紙で二回裏打ちし、周りを装飾する金襴《きんらん》などの布《きれ》にも「着物着せたらんと」と、いたわるように二回の裏打ちを行う。次に布継《きれつぎ》と呼ばれる工程で、書画を引き立てるため布の柄や色合いと配置を決める。「一に色彩、二に技術。まあ勘だわ、持って生まれた」。揚裏《あげうら》と呼ぶ仕上げの裏打ちが施され、柴の木の軸棒を巻き、上部には風帯《ふうたい》を垂らし無地の部分に風合《ふうあ》いを飾り、軸先を取り付け一幅《いっぷく》の掛軸が完成となる。

「国宝級の物やったら、まず一年はかかる。四季を通してゆっくりと仕上げたらんと、何百年先も、この国の湿気に耐えられるようにな」。直好さんの言葉に、京都で修業を積んだ三代目の国男さんもうなずいた。「孫を仕込むまでは死ねん」を、口癖とした初代好光であったが、その願い虚しく、昭和五七年（一九八二）仕事中に倒れ還《かえ》らぬ人となった。しかし大経師の心根は、見事受け継がれ孫子の代へと。

何百年の時の彼方で滲《にじ》んだ、一幅の墨痕《ぼっこん》。親子経師は今日も、刷毛《はけ》を片手に、永久《とわ》へと続く新たな生命を、一幅の掛物《かけもの》に注ぎ込む。

飴職人

ハッカ糖一筋　素朴な風味守り抜く（岐阜県付知町）

母に頼まれ　届け物
隣近所を　一巡り
幼い妹　連れ立てば
両手に余る　駄賃飴《だちんあめ》

白黒紅に　ニッキ飴
大人の味の　ハッカ糖
夕陽を浴びて　キラキラ
両手の中の　小宇宙

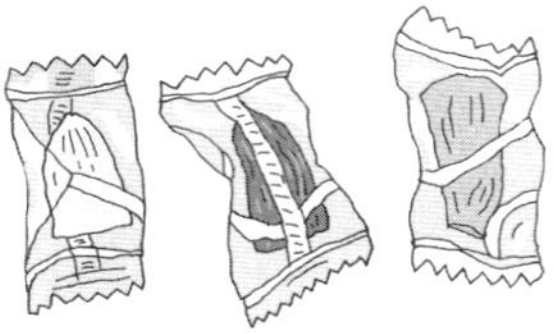

掃き清められた土間に、ハッカの匂いが漂う。大きく息を吸い込んだ。鼻の奥に忘れかけていたあの頃を感じた。

「親指と人差し指の先に、煮えとる飴を一寸《ちょっと》付けて指を開くんやて。よう煮えとるとパリパリいうで、飴炊《あめだ》きの温度もわかるんやて」。岐阜県付知町・勝野製菓の二代目・勝野観《かん》さん（六五）は、その仕草を真似た。昭和五年（一九三〇）、初代の故勝野良二は、古くから伝わるハッカ糖を主力商品とする店を開いた。「昔はこの辺りでも、ようけ薄荷草《はっかそう》が採れて、それを絞っとったらしい」。観さんは六人兄弟の次男として誕生し、中学を出ると北恵那鉄道（昭和五三年廃止）を中津川で乗り換え、名古屋の日用雑貨品を扱う問屋へと住み込み奉公に上がった。戦後に終止符が打たれ、高度経済成長時代の足音と共に、石鹸や剃刀《かみそり》も飛ぶような売れ行きに。三年の奉公を終え、休養のつもりで郷里に戻ると、跡取りの兄から「俺の代わりにお前飴作れ」と告げられた。「一時《いっとき》のことだろうと思っとったら、何が何が。兄貴は他所《よそ》へ勤めに行っちまって」。観さんは、子供の頃手伝った記憶を頼りに、父とハッカ糖や生菓子作りを開始。この頃、昭和三〇年代初頭、大手の製パン業者が付知の町にも大量の和菓子を運び込ん

だ。

「付知の菓子屋の戦国時代やて」。観さんも生き残りを賭け、あの手この手と知恵を絞り、キャンプ場や下呂温泉へと新製品の販路を求めては、ハッカ糖の灯を絶やすまいと守り抜いた。「生菓子は日持ちがせん。それに引き換え、飴は日持ちもええし」。やがて観さんの心は、先代が遺したハッカ糖一筋へ。

素朴な風味が魅力のハッカ糖は、砂糖と水飴の飴炊きに始まる。「火加減が肝心。飴のカリカリ感を出すには、二百度の高温と経験が頼りやて」。次にハッカの原液を加え、冷やして丸く固め取る。

「柔らかすぎても、硬すぎてもあかん。時間との戦いや」。それを棒状に伸ばし、鋏《はさみ》で一粒大に切り分け袋詰に。「昔はみんな手作業だったで、肩が凝るとこれを首筋に擦《す》り込んだるんやて。スーッとしてええ気持ちになるで、ちょっと塗ったろか」。観さんはハッカの原液を掌《てのひら》に広げ、首筋に擦り込んだ。

さわやかなハッカの薫りが立ち込め、傍《かたわ》らで妻の恵美子さん（六〇）がにっこり笑った。深山裏《みやまうら》木曽《きそ》ハッカ糖、仲睦《なかむつ》まじき飴職人。

萬屋

昭和のぬくもり　過疎の村の暮らしを支える（三重県美杉村）

おっちゃんおっちゃん　これ
なんぼ
道草喰うて　菓子買《こ》うて
甘納豆の　籤《くじ》引こか
どうか当りが　出ますよに
「ハンニャラモンニャラ　ペッ
ペッペッ」
変な親父の　呪《まじな》いが
いつも通りに　始まると
何や知らんが　よう当る

「床屋」という名の魚屋兼、萬屋《よろずや》がある。一昔前のコンビニだ。異なる点は、刺身や焼き魚、蚊取り線香から虫取りタモや釣竿まで、暮らしに密着した食料品から生活雑貨が、所狭しと居並ぶ。

「昔婆さんが、床屋やったんさ」。三重県美杉村でこの店の三代目・眞柄《まがら》武士さん（六三）は、赤銅色の顔をほころばせた。武士さんが六歳になった昭和二一年（一九四六）、隣の材木屋から出火。祖母の「床屋」ともども焼け出され、父は国鉄を辞し山師となり一家を支えた。昭和二八年（一九五三）九月、台風一三号が直撃。至る所で山抜けが発生。武士さんも中学を出るとすぐ、工事現場で鶴嘴《つるはし》を振るった。昭和三三年（一九五八）九月、焼け出された床屋は、一二年の歳月を経て、萬屋に生れ変った。「魚市場へ仕入れに行くとなあ、皆『妙な名前やなあ』言うて、すぐに覚えてもうて。結構、役んたったんさ」。

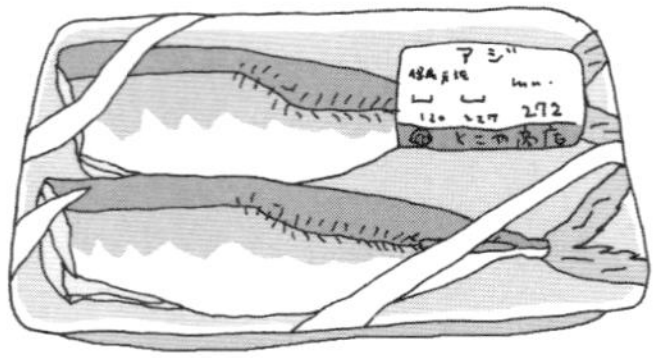

三年後、武士さんは軽三輪自動車を購入。それまでの名松線での仕入れに別れを告げ、颯爽《さっそう》と片道一時間半をかけ松阪に向け飛ばした。「当時は仕入れて戻って来ると、客が行列作って待っとったんやで。

今とはえらい違いやさ」。棚を飾る商品は、問屋が勝手に置いて行く。求められれば大工用品まで販売した。「オイルショックまでは、おもろいほど売れよった」。

　しかしバブル期以降、過疎化が進み高齢化へ。「今し皆歳食《く》うてもうて、店まで来るのもしんどいで、魚持って行商して廻っとんやさ」。武士さんは毎日欠かさず、近隣に住む独居老人宅を巡る。「『昨日は刺身喰うたやろ、今日は焼き魚にしとき』って。『ガンガ（骨）も取ってあるし』てな具合で。せやけど世話やで」。独居老人問題は、切実と言う。ガスの火を付けっ放しで、畑仕事に出かけた老婆宅を訪問し、台所の火事を消し止めたり、自室で発作を起したままの病人も救った。

「如何《いか》に萬屋やいうても、年寄りの健康管理までせんならんとは」。傍《かたわ》らで愛妻春子さん（五七）が笑った。「もういつ店仕舞いしても可笑《おか》しないんやさ。でもなあ……」。

　裏山にゆっくり日が落ちる。店先には、買い物を終えた老婆の笑い声。軒の裸電球が灯り、暖かな光を放つ。美杉の里の萬屋には、誰もが優しかった昭和の、あの頃があった。

漁網職人

魚の生態知り尽くす　一つ一つ繊細な手先（名古屋市中川区）

新川縁《べり》の　船溜《ふなだま》り
朝陽にはためく　大漁旗
川面に波頭　カモメが群れりゃ
河岸《かし》も俄《にわ》かに　活気づく

軒を寄せ合う　路地裏は
腕白坊主の　チャンバラ劇場
面子ビー玉　屑鉄《くずてつ》拾い
ポケット一杯　夢いっぱい

尾張最後の　漁師町
両郡橋から　眺めれば
眩《まばゆ》い昭和の　残像が
波紋の渦に　もまれて消えた

「三人兄弟で、俺がババ引いちまったもんで、跡継いで婆アの面倒まで見とんだて、おめえさん」。

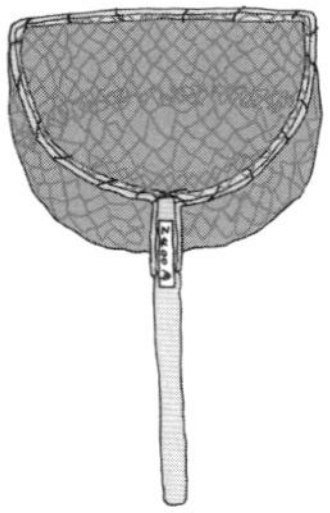

名古屋市中川区下之一色町で漁網を製造販売する水谷商店・三代目の水谷文雄さん（五二）は、小声でつぶやいた。

明治末期、海部郡蟹江町で櫓《ろ》の職人をしていた祖父が、漁師町として栄える下之一色に櫓の職人が一人もいないことに眼を付け、両郡橋の袂《たもと》、大銀杏《おおいちょう》脇に漁具店を開業。店の真横の船溜《ふなだま》りから、漁師達が数珠繋《じゅずつな》ぎで陸《おか》に上がったという。しかし昭和三四年（一九五九）伊勢湾台風が直撃。その後、高潮防波堤の建設に伴い、漁師達は漁業権を一斉に放棄した。陸に上がった漁師達からは、気《き》っ風《ぷ》のいい掛け声が消え、人出に沸いた商店街の街頭スピーカーから、今はうらぶれた演歌だけが虚しく響く。

子供の頃から魚獲《と》りに明け暮れた文雄さんは、高校を出ると早朝から魚市場でアルバイトを終え、父

の仕事を手伝った。「親父はコツコツとよう働いとった。婿《むこ》養子だったでな」。文雄さんは、反物で網を仕入れ、かがり目が解《ほど》けぬよう一つ一つ手縫いで紡ぐ。大小のタモから、生け簀《す》用のタモ、果ては地引網から一度入ったが最後の地獄網まで。魚の生態を知り尽くし、その習性を巧に利用する。

「昔は外国船の船員が、わざわざ三枚網を買いに千円札を束で持って来よった。でもよ、おめえさん、あいつら靴履きのまんまで座敷に上がって来るでかんわ」。三枚網とは三枚重ねの魚網。一枚目と三枚目の編目は大きく、海老も魚も入り込む。しかし真ん中の小さな編目に引っ掛かり、一網打尽となる。

　日本人の繊細な手先が紡ぎ出す、魚網の逸品。「もう今はあかん。遊び漁師の時代だで。喰ってくのもままならん」。文雄さんは生計を案じ、職安通いもしたと言う。「伝統漁法の技術だで、遺した方がええって皆言わっせるが、言う方はええわさ言うだけだで。そんでもこっちは、生きてかなかんでなあ。もうこの歳で就職口なんてあーせんて。我慢してやっとるだわさ」。

　時の流れは、漁師町の面影を押し流した。しかし澱《よど》んだ川面は、あの頃と何も変わらぬ満ち干きを、今日も淡々と繰り返している。

和傘貼師

しわばむ指先狂いなく　色鮮やかな大輪咲かす（岐阜県岐阜市）

悪戯《いたずら》小僧の勲章は
爪の黒さと赤チンの数
鎮守の杜《もり》の隠れ家で
時を忘れて駆け廻《まわ》る

ピカゴロ　不意の夕立に
臍《へそ》を押えて家路を駆けりゃ
畦《あぜ》の向うにジッチャの姿
揺れる番傘　細い腕

色鮮やかな美濃本《ほん》蛇の目傘の大輪。仕事場には壁から天井まで、足の踏み場もないほど傘の花が咲き乱れる。傘の柄の天辺から放射状に伸びる五十四本の竹骨に、古びた刷毛《はけ》で和紙糊《のり》を滑らせ、三末《みまつ》（三本）に一枚の割合で十八枚の美濃和紙を、皺《しわ》ばむ指先で寸分の狂いもなく貼り込んでゆく。「これ見てみゃーて」。優に二〇年以上使い込まれた馬の刷毛は、柄が指の形に窪《くぼ》んでいる。岐阜市加納花ノ木町で代々貼師《はりし》を営む伴清吉さん（八七）は、柄が飴《あめ》色に変色した刷毛を差し出した。

「この辺は、和傘の本場やでなも」。

伴さんは三人兄弟の末っ子。父と二人の兄がそうであったように、何の疑問も抱かず尋常高等小学校を上がるとすぐに貼師となった。「毎晩火の用心が廻ってくるまで傘貼っとったって、欲があったでな。一本でもようけやって、子供等に美味《うま》いもん食わせたろって」。

和傘一本の完成までに、大きく分けて骨師・貼師・仕上げ師の手を潜《くぐ》り、工程は百を超える。貼師の作業だけでも十八工程に及ぶ。

まず骨師が割《さ》き削った骨を、夏でもストーブに翳《かざ》し一本ずつ歪みや曲がりを矯正する。「これが一番

肝心なんやて」。矯正された五十四本の骨は、元の一本の太い真竹の状態に閉じられ、輪で締め続けること一カ月。それから三末ずつ美濃和紙を貼り込み、再び一カ月以上の時をかけゆっくりと自然乾燥を待つ。「本当にええ傘は、半年かかるわさ」。貼師が納得のいった傘だけに貼師の銘札が貼られ、絹の毛で荏胡麻《えごま》油を塗り込む仕上げ師へと手渡される。

　戦後の復興とは裏腹に、和傘需要は激減。「ここら昔は、家の前が広うしたって、そこら中に傘を干しとったもんやて」。しかし洋傘の台頭に職人達は職を追われていった。「蛇の目差しとるんを、見たことないやろ。今でも和心のあるお茶の先生や踊りの先生等のよな、突飛な人等しか差してくれやんでな」。伴さんは小さな背を丸め、愛妻志ず子さん（八〇）を振り返った。

　傘貼一筋、四分の三世紀。三人の子供も立派に巣立った。それでもなお、日がな一日傘を貼る。

　バサバサッと小気味のいい音を立て、降りしきる雨が一瞬に跳ね飛んだ。曇天の梅雨空に、鮮やかな美濃本蛇の目の花が咲いた。「明日天気になあれ」。

ラムネ職人

庶民の「昭和」涼と希望を瓶につめ（三重県伊勢市）

湯浴《ゆあ》みの髪を束ね上げ
暖簾《のれん》の奥から浴衣の君が
素顔ほんのり赤く染め
「待った?・ゴメン」と上目がち
下駄《げた》がカランと音たてりゃ
ぼくの心もイチコロン

夏の夜彩る打ち上げ花火
一花咲く度君の声
夜店のラムネ回し飲む
間接キッスに胸踊る

「昔は、ラムネ瓶《びん》の飲み口が封印してあってな、皆物品税を払《は》ろとったんやさ」。三重県伊勢市で戦前から続く五十鈴鉱泉《いすずこうせん》・二代目のラムネ職人・濱口隆生さん（五四）は、昭和五〇年頃まで続いたという証紙を差し出した。初代濱口九一《はまぐちくいち》さん（九一）は、昭和五年（一九三〇）の一八歳の年、長兄が出資してサイダーの製造を開始。名古屋のサイダーメーカーに勤める長兄の肝煎《きもい》りが、五十鈴鉱泉の礎《いしずえ》を築いた。サイダーとラムネ。戦後の復興と発展への道を突き進む、昭和の庶民にとって一本のラムネは、爽やかな喉越しとともに、生きる希望が湧き出すような、キラキラ光る小さな泡を吹き出した。

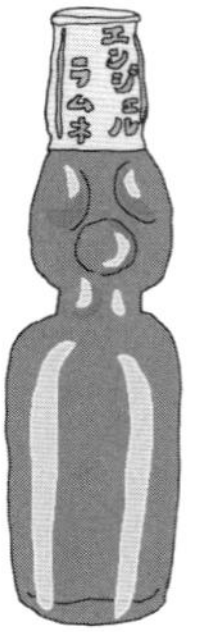

隆生さんは大学を出るとすぐ、父の元でラムネ作りを学んだ。駄菓子屋に銭湯、昭和の高度経済成長期を支えた庶民の居場所には、必ずラムネの栓を抜く生活音がした。

しかし思いの外《ほか》の速度で成長を極めたこの国からは、庶民の居場所が蹴散らされ、町中を清涼飲料の自販機が埋め尽くした。飲み口の下が括《くび》れたエクボの玉止めを持つラムネ瓶は、無駄の多い形状がたたり自販機時代の波に取り残された。

「一〇年ほど前から、代々続いた鉱泉も皆、店たたんでもうて。ラムネ瓶も採算が取れやん言うて一〇年前から台湾製になったんさ。でもそれも去年まででで終《しま》いや。ラムネの玉は真丸やないとガスが抜けてまうでなあ。玉だけ日本から真丸のを送っとったんやで、そらあ高《た》こつくわさ」。サイダーよりもガス圧の高いラムネならばこそ、瓶の中のガラス玉を押し上げ固定する。

「子供の頃、家は友達の溜まり場みたいやった。朝昼晩とやって来ては、ラムネを飲み放題。あれは俺の人気があったんとちごて、たんにラムネ飲みたて集まっとったんやろか？　父は九〇越しても未だにラムネ飲みやしなあ」。一五〇年ほど昔、英国に生まれ王侯貴族に愛飲されたラムネは、ペリーの黒船で日本に上陸。炭酸レモネードが訛《なま》ってラムネとか。由来はともかく、昭和を必死に生きた庶民の暑気払いには欠かせないものだった。

夕涼みの縁側、線香花火と蚊取り線香、瓶に触れるビー玉のちょっぴり涼しげな音色。記憶の片隅に追いやられた遠き時代は、今ほど便利じゃなかった。しかし誰にも平等に明日が感じられた。

蒟蒻職人

バタ練り半世紀　芋を多用、固めの仕上げ（愛知県岡崎市）

母の煮しめが恋しくて
市場であれこれ品定め
牛蒡人参椎茸《ごぼうにんじんしいたけ》と
プルプルグニャリ平蒟蒻《ひらこんにゃく》

色も香も瓜《うり》二つ
どんなもんよと味見れば
何か一味足らぬのは
母の慈愛の一匙《ひとさじ》か

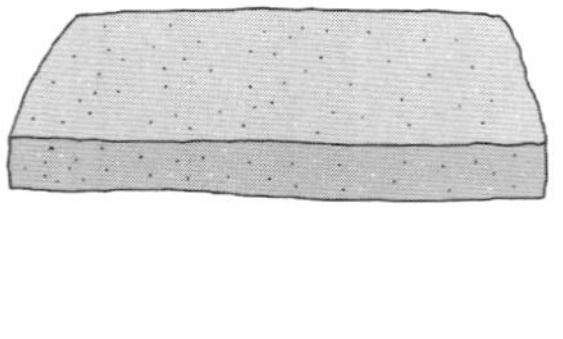

「平蒟蒻《ひらこんにゃく》は手で千切り取って、鷹の爪入れてから八丁味噌でコテコテになるまでイビル（煎《い》る）んだて。味がよう染みて一番美味《うま》い」。岡崎市の池田屋・四代目・蒟蒻職人の長坂信一《のぶいち》さん（六八）は、身を乗り出した。池田屋は、明治一五年（一八八二）創業。初代は跡取りに恵まれず、大門《だいもん》の遠縁から婿《むこ》を得た。しかし三代目も跡継ぎを得られず、池田屋の行く末に一抹の不安が。信一さんは池田屋の二代目を送り出した大門の家に生まれ、農業一筋に休む間も惜しんで働き詰める父の背を見て育った。

やがて岡崎北高へ進学。背広に革靴姿の銀行員に憧れたという。同い年であった池田屋三代目の愛娘《まなむすめ》、久子さん（六七）も同じ高校に進学していた。まさかその後の人生を共に歩む伴侶になろうとは、努々《ゆめゆめ》思い描けず。「あの頃は色気も出初め、アレとすれ違っても、眼をよう合わさんかっただぁ」。

それから間もなく池田屋の二代目から、婿入り話を持ちかけられた。「『米糠《ぬか》一升あったら養子に行くな』って言われとった時代やで、やっぱり躊躇《ためら》ったわな」。しかし隔世遺伝の成せる業《わざ》か、二代目同様大門の家から、久子さんの美貌に惹《ひ》かれ婿入りを果すことに。背広と革靴は敢《あえ》なく白衣に取って代わっ

た。
早朝から蒟蒻芋を蒸しては摩《す》り下ろす。水を加えて凝固剤を入れ、バタ練り（バタンバタンと音を立て機械で芋を練る）を繰り返し、型に流して茹《ゆ》で上げる。午前中に仕込みを終え、午後からは配達に追われた。「昔はよう儲かった」。昭和二九年（一九五四）当時、高卒の初任給は三〜四千円。しかし信一さんのポケットには、常時一万円ほどが捻《ね》じ込まれていたという。「伝票もあれせんし、小遣いに不自由せんかっただぁ。でも年がら年中、山葵《わさび》下ろしみたいな手しとったで、他の女の手なんてよう握らんかったらぁ」。昔は石灰を使う水仕事で、酷《ひど》い手荒れに悩まされたとか。

「群馬県下仁田の種芋を取り寄せ、作手村で有機栽培した無消毒の蒟蒻芋を使用し、離水せぬよう芋を多く使い固めに仕上げます」。名大農学部出の五代目・光司さん（四五）は、優しい眼を輝かせた。

秋風に乗り天神様の祭囃子《ばやし》が聞こえると、蒟蒻作りもたけなわ。伝統の蒟蒻作り一筋に、半世紀を共に生き抜いた老夫婦。金婚式ならぬ金蒟蒻式まで後二年。

猟師

猟場、年々失われ　消えゆく「木守り」の精神

（岐阜県川辺町）

隣のジッチャは大酒のみで
いつも昔を自慢する
村一番の鉄砲名手と
湯のみ持つ手も震える癖に

田畑を荒らす大猪が
月夜の里を駆け回る
ジッチャは長筒《ながづつ》獣に向けと
手先の震えもピタリと止んだ

「もういかん。年取ると的がはずる（外れる）ねえ」。岐阜県川辺町の狩人・渡辺富男さん（七六）は、今年の狩猟期間明けに銃を破棄。十人兄弟の四番目に生まれ、尋常高等小学校を出るとすぐ、名古屋の材木屋へ奉公に上がった。昭和一九年（一九四四）戦火拡大の最中《さなか》、たった一枚の赤紙で否応なく出征。何の恨みもない人間に銃口を向け、己の命を守るために引き金を引き続けた。戦場には、殺すか殺されるか二つに一つの道理しか通用しない。生死を分ける緊張の呪縛《じゅばく》は、玉音放送により解き放たれた。

復員後郷里に戻り、馬車引きで農家の大家族を支え、昭和二三年（一九四八）、狩猟免許を取得。「一発でええよ。一七貫目（約六四キログラム）ほどの猪やったら」。当時は、一丸弾《いちがんだん》のＳＫＢ（日本製の猟銃）が主流。その年、ウズベキスタン抑留から復員していた長兄が他界した。妻と子二人を遺して。周りの薦《すす》めで、兄嫁と所帯を持った。それが家族を守ろうとする昭和元年生まれの頑《かたく》なな男の姿だった。

「権現山の猟場《りょうば》で、二五年程前まではようけ大物を仕留めたんやて。今までで一番は、四〇貫目（約一五〇キログラム）の大猪やった。でも紀州犬の向うっ気の強い花子が前足噛まれて。そんでも五連発

のブローニング（外国製の猟銃）の散弾一発分、二百円が牡丹鍋《ぼたん》だで安いもんやて」。現在の狩猟期間は、十一月十五日から二月十五日までのわずか三カ月。「狩人だけでは喰えんて。それに猟場も年々失われる一方やで」。

昭和二三年（一九四八）頃、川辺町だけで百人を下らなかった狩人も、今は趣味のハンターが二十人を切る程度に。森が狭められ、獣達の生息範囲も限られてしまった。時代の移ろいは、一発（数丸から十数丸）で広い範囲を射止める散弾の世に。昔の一丸弾時代は、獣に対する木守りの精神が受け継がれていたのだろう。森に暮らす獣達の明日までも、根こそぎ奪い去るのではなく、彼等の犠牲を最小限に押えるために。富男さんは銃を返納した足で、真っ先に鳥獣慰霊碑へ向かい線香と花を手向《たむ》けた。

国命による殺戮《さつりく》を大儀とした、あのおぞましい大戦の終焉から、五八年と四日が過ぎた。しかし未だ世界の何処《どこ》かで、愚かな殺戮が繰り返される。

喉元過ぎれば熱さ忘れる。あの大戦で血を流したこの国の民《たみ》の願いは、たった半世紀を経ただけで色褪《あ》せてしまったと言うのだろうか。

寫眞師

人生の一コマ　六代に渡り、撮り続けて（三重県名張市）

晴れのち曇り時々豪雨
子供還《がえ》りに彷徨《さまよ》う父を
妻といつも天気に例えた
せめて父への尊厳として
褪《あ》せたアルバム広げては
縁で船漕《こ》ぐ小さな背
モノクロ写真の母が笑《え》む
時代繰《く》る手も夢の中

「爺さんはハイカラな人やった。出張撮影に出掛けるんも、馬ん乗って颯爽《さっそう》とな。昭和二〇年代後半は、医者や髪結《かみゆい》、それに寫眞師《しゃしんし》くらいや。馬なんて乗れたんわ」。三重県名張市郊外の閑静な住宅街に瀟洒《しょうしゃ》な写真館はあった。写真の川地・五代目の川地清広さん（五七）は、柔らかな自然光が差し込む、広々としたスタジオのテーブルでコーヒーカップを傾けた。

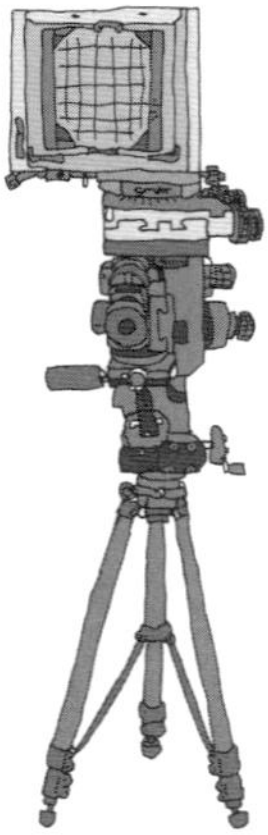

写真の川地は明治一〇年（一八七七）、三重県久居市出身の川地長七《ちょうひち》により創業。日本の国産写真の夜明けは、安政四年（一八五七）に遡《さかのぼ》る。長崎の舎密《せいみ》試験所にて、オランダ人軍医ポンペと長崎出身の門下生、上野彦馬《ひこま》、その先輩に当る津藩士・堀江鍬《くわ》次郎が、手製の写真機と湿板《しっぱん》写真用感光乳剤、更に現像用のコロジオン液を見よう見まねで完成させた。堀江の影響で、津藩主・藤堂高猷《たかゆき》が当時最高級だった英国製人物写真機を購入。後に津の藩校に舎密学の講師として上野が招かれた。この頃長七は産声を上げ、十代後半の若さで写真館を開業。

余談だが、後に上野は長崎に戻り「上野撮影局」

を開業し、勝海舟や坂本竜馬等、幕末を駆け抜けた志士たちの雄姿を、歴史の一コマとして撮り続けた。「これがその頃の硝子《がらす》湿板写真や」。清広さんは桐の箱を開いた。硝子の大きさは、縦一〇センチメートル、横七センチメートル程の手札サイズ。当時は、

硝子板に塗布した感光乳剤が濡れている間の撮影。肖像写真の場合三十分程動いてはならず、首や頭がぶれないように托頭器《たくとう》（ヘッドレスト）を使用した。不動の姿勢を強いられた者達は、まるで写真機に魂を吸い取られたようにグッタリだったとか。

硝子湿板に淡く浮かぶ、明治初期の裕福そうな家族。しかし家族の視線はいずれもバラバラ。「昔の女性は袖に手を隠し、寫眞機に魂を抜き取られんよう、眼を合わさんだらしい。今や普通の人らがカメラの前で、堂々と肌を露《あらわ》にする時代やのに」。隣で六代目を継ぐ長女・美貴さん（二七）もうなずいた。

「自然の光に敵《かな》うもんはない。その光の中で生きる人々を、六代に渡ってファインダー越に覗いてきたんやでなあ。時代を切り取るようにな。シャッター持ったまま死ねたら本望や」。清弘さんは穏やかに笑った。

スタジオの中庭で、過ぎ行く夏を惜しむように、蜩《ひぐらし》が再び声を挙げた。

箔押

一センチメートル四方に三〇トンの圧力（名古屋市中川区）

納屋の古びたランドセル
最後の時間割のまま
埃《ほこり》に塗《まみ》れた教科書広げ
遠くに翳《かす》むあの日と出逢う
ページの隅を埋め尽くす
小さな文字の落書きは
あの子の名前の繰り返し
栞《しおり》代わりに四つ葉の押し
パパッ　ゴハンデシュ
妻に抱かれた娘の声
四つ葉の願いが現実に
あの子の笑顔も大と小

久しぶりに今生《こんじょう》、共に家族でいられることを、心底楽しんでいる一家と出逢った。輪廻転生《りんねてんしょう》、ソウルメイト。人間は何度も生まれ変わるとする説が、最も身近に感じられた瞬間だった。親が子を、子が親を、他愛もない事《こと》で殺《あや》める事件が相次ぐ中、命の重さを感じた。「家《うち》は女房がいいから。毎晩長女と長男の四人、この仕事を終えて晩酌するのが一番の楽しみさ」。名古屋市中川区の小柳商店・二代目箔押《はくおし》の小柳正勝さん（六一）は、煙草《たばこ》に火を点けた。一見、ジャズ界の重鎮、世界のナベサダを想わせる、ジーンズとTシャツが似合う還暦過ぎの職人だ。

元々初代が、段ボールの小箱製造工場として開業。「あんまり勉強が好きじゃなくって」。正勝さんは高校を出ると、父の工場の跡継ぎを決意。昭和三五年（一九六〇）、日米安保阻止を旗印に全学連の若者が、民主主義の存亡を懸け燃え尽きた年だった。しかしその後、国民の関心は政治から遠ざかり、物質的な豊かさに惹《ひ》かれモーレツな時代へと。昭和四一年

（一九六六）、小柳商店も転換期を迎えた。手貼《てばり》の本金《ほんきん》箔押ではなく、機械により転写する箔押、ホットスタンピングと言われる業態への転換だった。「機械は入れたものの、親父《おやじ》も私も箔押なんて初めてで、注文受けてから何度断ろうと思ったか」。正勝さんはその年、同い年の恋女房和代さん（六一）を娶《めと》った。新婚生活を始めたばかりで、後戻りなど許されない。一センチメートル四方に最大で三〇トンの圧力と熱を加え箔を転写する。凸版の受け軸を手作りで工夫し、難易度の高い箔押を続けた。

　昭和四四年（一九六九）には長女麻子さん（三四）。翌年には三代目を襲名する長男英司さん（三二）が誕生。「女房との出逢いも、酒呑み仲間の紹介。仕事も酒の仲間にどれだけ助けられたか」。正勝さんの言葉に、箔押機の前で黙々と手先を動かす麻子さんと英司さんが、見詰め合ってこっそり笑った。事務所の入口で来客相手の最中だった恋女房も、これまた然《しか》り。「難しい注文に悩んで、『どうしよう』と闇の中を彷徨《さまよ》い歩いとっても始まらん。原点に戻るが一番」。平成の箔押はつぶやいた。箔押し一家四人の原点は、家族の絆《きずな》そのものだった。

町火消し

一秒も無駄にせず、愛する郷土と家族守る（岐阜県安八町）

火の用心マッチ一本火事の元
火消し半纏《ばんてん》引き摺《ず》るように
声を張り上げ拍子木《ひょうしぎ》二つ
父との夜警が小さな誇り

火の用心マッチ一本火事の元
粋な藍染《あいぞ》め刺子《さしこ》の半纏《はんてん》
背中に大きく染め抜いた
火消し男の心意気

「消防士になりたかったんやけど、長男やったで」。岐阜県安八町の町火消し・坂《ばん》重孝さん（四四）は、物静かに語り出した。ちょっと待った！　事前の調べでは、元カミナリ族「貴婦人」の創立メンバーだったと。こんな筈《はず》じゃあ。坂さんは、撚糸《ねんし》業と農業を営む家に、やっと産まれた跡取りだった。高校を

出ると消防士の夢を断念し家業へ。しかし友人たちの誘いで仕事も手に着かず。見かねた父から「他所《よそ》の冷や飯でも喰うて来い」と追い出された。元々車好きだった坂さんは、近くのガソリンスタンドに勤務。自然に車好きの仲間が集まった。

「同級の一人が『貴婦人』って書いたステッカーを作って、仲間三～四人で面白がって車に貼《は》ったんやて」。ステッカーだけが人から人へと渡り歩き、気が付いた時には岐阜で勢力を誇る本物のカミナリ族が「貴婦人」を名乗り、そのステッカーを貼っていた。それが高じて周りから、創立メンバーだったと囃《はや》し立てられる始末。坂さんは、安八町第三分団の分団長を務め、今年三月末で引退した。通常三年の任期にも関わらず、皆に推されて延べ一〇年間、火消し半纏を羽織って誰よりも先に火事場へと向かった。

まず火事の一報が入ると、町役場がサイレンを鳴らす。しかし坂さんの工場では、撚糸のモーター音に掻《か》き消されてしまう。坂さんは、工場内に無線を設置し、消防本部の一報に神経を尖《とが》らせた。

　いざ町内で出火となれば、サイレンを響かせ火事場へ急行。一秒たりとも無駄にせぬよう、ヘルメットも火消し半纏《ばんてん》も途中で身に着ける。町火消したちの顔が強張《こわば》る一瞬だ。火元近くの水利に陣取り、襲い掛かる火の手に挑む。しかし装備も満足ではない町火消したちには、燃え盛る炎の中で取り残された人を、救出する術《すべ》などない。専門の訓練を積み最新の防火服を纏《まと》った、プロの消防士の到着を待ち、全てを委ねる他はない。「だから俺らに出来ることは、一秒でも早よ火事場へ行って水出すことなんやて」。消防士の夢を断念し一四年後、消防団入りを果した。「早よ番が廻ってこんかなって思っとったんやて」。

　郷土を守る町火消し。金や名誉のためではない。ただ愛する郷土と家族を守るため。火消し半纏たった一枚で、敢《あ》えて危険に身を晒《さら》す。あっぱれ、平成の町火消したち。

紺屋

一生かかって勉強　歴史ある藍甕《あいがめ》守り抜く（三重県松阪市）

学園祭のバザーの掛け声
君の声だけ聞き分けられた
ささいな君の仕草にも
ぼくの心は忽《たちま》ち揺らいだ

秋の夜焦《こ》がす月になりたい
この地球《ほし》が君であるなら
例《たと》え闇夜にまぎれても
ぼくの灯りで君を染めたい

「藍《あい》は繊細な女子《おなご》のような生き物やでな。とにかく手がかかる」。三重県松阪市の京新染工所・九代目紺屋《こうや》・上村徳三さん（七八）は、代々受け継がれる藍甕《あいがめ》を守り抜く。京新染工所は、天明元年（一七八一）創業。徳三さんは、尋常高等小学校を上がると、同郷出身の社長を頼り一人上京した。「月給十円。店童《てんどう》として採用する」と告げられ、社長宅で書生暮らしを開始。五年後に一旦帰郷し、家業の修業を始めるがすぐに徴兵を受けた。終戦から三カ月後、毛布と煙草の誉《ほまれ》を払い下げられ復員。

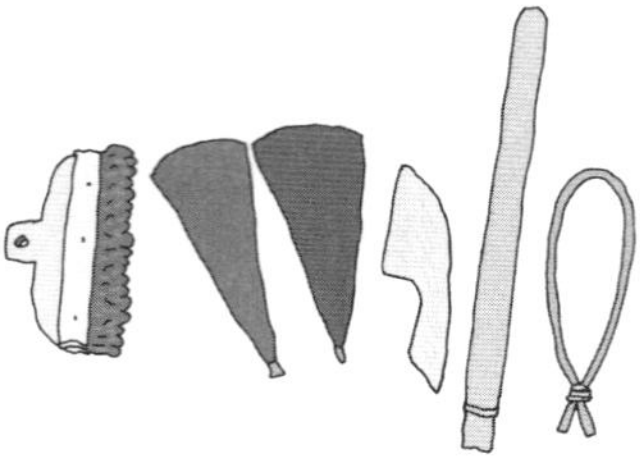

「紺屋の仕事は、一生かかって、一生勉強やさ」。火壺《ひつぼ》を中心に四ツ目に藍甕が埋め込まれ、火壺に点火して藍を発酵させる。気難しい藍のお守は、常に苛性《かせい》ソーダと石灰を入れ、攪拌《かくはん》しながらアルカリ性を保たねばならない。一方印染《しるしぞめ》の決め手は、糊炊《のりだ》きが肝心。糊を小さく切って、焦《こ》がさぬよう十分に熱を加える。

「糊置《のりお》き（印の部分に糊を引く）して泣く（滲《にじ》む）ようではかん」。糊の出来不出来が、染を左右するという。目分量を頼りに、煮立てた糊に仕上げの米《こめ》糠《ぬか》を混ぜ、舌で舐《な》めて糊の具合を吟味する。「今しここらで染物は四軒、糊仕事はもう二軒だけや」。

藍草《あいぐさ》は蓼《たで》科の蓼藍《たであい》と呼ばれる植物で、阿波（徳島県）の特産。「藍染めは、今でこそ高級品。せやけど紺屋は、元々下衆《げす》な商売やった。年に何度か、阿波の国から集金人が来る度、親父はよう隠れよった」。

藍甕の維持費に窮《きゅう》する割に、庶民相手の普段着染めでは見入りが細いと、徳三さんは卑下《ひげ》するようにつぶやいた。京新染工所に料金表などない。「夫婦がその日を食べられ、わずかばかりの熱燗《あつかん》でもあればそれでええ」。一日当りの夫婦の生活費に、請負った日数分。これだけが染代となる。材料代など、細かなことは一向にお構いなし。

紺屋は、昔から呉服屋の主人を「旦那」と呼び、ひたすら崇《あが》めた。しかしその信頼関係も時代と共に崩壊の憂き目に。昨今の不況の余波か、半月以上も費やした染代もそのままに、「旦那」と慕った大店《おおだな》が倒産。半月分の夫婦の夕餉《ゆうげ》と熱燗は、不渡り小切手の紙屑《くず》と化した。

「まあせやけど、自分がせんで良かったと思わなしゃあないで」。上がり框《がまち》に腰掛け、紺屋の老職人は冷めた茶を啜《すす》った。

粕漬職人

樽に込めた幾歳月　苦難越え店守り抜く（愛知県西枇杷島町）

祖母の倹《つま》しい食卓は
いつもの煮物とお漬物
パリポリパリポリ音立てて
お茶漬けズズッと一啜《すす》り

祖母の齢《よわい》に近付く度に
倹《つま》しいお膳がご馳走に
パリポリパリポリ音立りゃ
旬を彩る香の華《はな》咲く

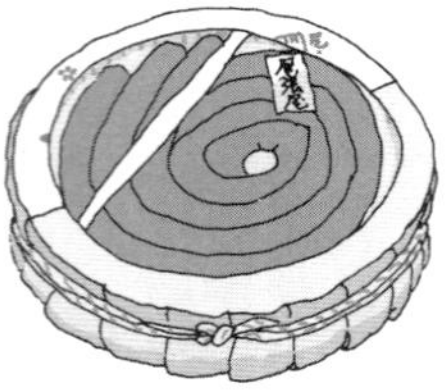

「毎年母の日が来るのが、一番嫌でな。何で俺だけ白いカーネーションなんやって」。愛知県西枇杷島町で明治二年（一八六九）創業、尾張屋・五代目の太田隆夫さん（六三）は、遠い日を振り返った。

昭和一九年（一九四四）、三歳の隆夫さんを遺《のこ》し、父清六は中国で戦死。次いで小学校入学前に母昌子も病に冒《おか》され還《かえ》らぬ人に。

「父の記憶なんてありませんわ。唯一母との写真がたったの一枚」。出生からわずか六年で、不幸の渦中に。隆夫さんの誕生前、既に祖父母は他界。明治気質の曾祖母に育てられた。地元の大学を出ると、先輩職人に付き修業を開始。「私、酒呑めへんのですわ。でも酒粕《さけがす》の匂いがプンプンする蔵の中に、一日おっても全然酔わんで不思議なもんや」。

昭和四三年（一九六八）、遠縁に当たる歯科医の娘、富子（五八）さんが嫁入り。「身寄りのない私を案じ、お見合い写真がようけ持ち込まれとった。歯の治療の時に、コレの親父である先生に相談したら『そんなもんより、家《うち》の娘の方がえぇに決まっとる』と脅されて」。しかし本心は、富子さんの顔見たさで、わざわざ東区まで歯の治療に出掛けていたほど。

尾張に唯一、昔ながらの伝統製法が受け継がれる守口漬は、真冬の塩漬けに始まり、一番粕から三番粕へと。酒粕・味醂《みりん》粕・砂糖で漬け込まれ、徐々に塩分を抜き去り酒粕や味醂粕の旨味を封じ込める。足掛け三年の歳月が惜しみなく注ぎ込まれ、芳醇《ほうこう》な香りを漂わせ、尾張屋と銘打たれた化粧樽に、真心を添え詰め込まれる。

長男光則さん（三三）は五年前、東京の就職先から妻を伴い後継修業のため帰郷。全てが順風満帆に見えた三年前の九月、東海豪雨が一帯を襲った。工場は全滅。「味噌糞《くそ》一緒や。町の中を樽が流れ出し、冷蔵庫はプカプカ浮いとるし」。何もかもが失われ、思わず廃業の二文字が脳裏を過《よぎ》った。その二日後、初孫が誕生。「もう一度、家族みんなで力合わせて頑張ろう」。初々しい父親となったばかりの光則さんの言葉には、六代目としての不屈の決意が宿っていた。末の弟も加わり、尾張屋復興に向け後始末に奔走《ほんそう》した。

親の温もりも知らず、面影だけを暖簾《のれん》に重ね、店を守り抜いた粕漬職人は、水害の災いさえも、新たな命の誕生で福と転じ、家族の絆をより強固に紙縒《こよ》り上げた。

紙漉き
簀編師

昼も夜も黙々と　跡取り育て夫は逝《い》った

（岐阜県美濃市）

窓辺に微《かす》かな瀬音の調べ
板取川を夏が流れる
矢坪ヶ岳が紅《あか》く染まれば
蕨生《わらび》の里も秋の装い

裸電球手元を照らす
簀編《すあみ》し老婆の窓辺から
秋の音奏《ねかな》でる虫達が
冬も近いと告げて鳴く

「私の嫁入りは、たったの三～四歩やったんやて」。岐阜県美濃市、国内有数の美濃和紙の里、蕨生《わらび》。土間を上がった客間の中央には、簀《す》を編む木製の台がデーンと据わっている。簀編師《すあみし》の古田あやめさん（七八）は、背筋を伸ばして仏間を振り返り、夫の遺影を見詰めた。

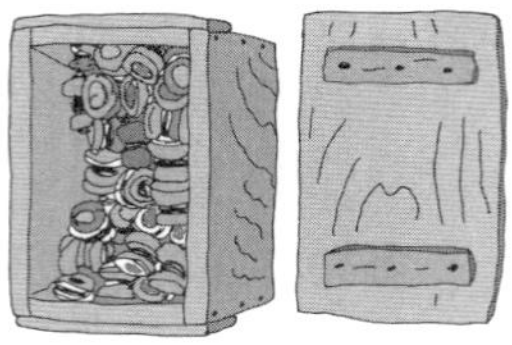

あやめさんは、大正一四年（一九二五）、隣の実家に生まれ、娘時代は紙漉《かみす》きに明け暮れた。やがて敗戦が色濃く迫る日本軍は、丈夫な美濃和紙に蒟蒻《こんにゃく》糊《のり》を引いた風船爆弾を製造。敵地アメリカに向け偏西風に託した。当時あやめさんも気球紙判の紙漉きに追われたという。昭和二四年（一九四九）、姉の口添えで実家のすぐ隣、一歳年上の故・要三さんの元に嫁いだ。あやめさんは祝言の名残もそのままに、家業の簀編に明け暮れた。

紙漉きの簀とは、漉き舟の桁《けた》に乗せる竹籤《たけひご》で編んだ簀。美濃和紙用の簀の幅は、三尺三寸五分（約一〇一・五センチメートル）。竹籤の直径は〇・五ミリメートル以下で、節から節までの約三〇センチメートル程度。従って籤と籤を繋《つな》ぎ合わせて三尺の長さに仕立てる。繋ぎ目の籤をさらに半分に割き、二千本の竹籤を特別に紡いだ腰の強い絹糸で、約一週

間かけ丁寧に編み込む。「簾は丈夫やで、五〇年経っても何ともない。漉いた後にちゃんと水洗いして乾かしとれば、もせる（湿気でボソボソになる）こともないんやて」。四六時中夫と共に、昼間は川の瀬音と鳥の歌声を聞く。暮れれば裸電球を挟み、向かい合わせに黙々と簀玉《すだま》（絹糸を張る錘《おもり》）を繰る。「子供の頃から細かい根気のいる仕事が好きやったでな。幸せなこっちゃて」。二人の息子は蕨生から巣立ち、里の夫婦に老いが忍び寄った。

　平成六年（一九九四）、東京で会社勤めをしていた女性が、何か手に職を付けたいと訪れた。彼女は近くの空家に住み、自分の貯金で細々と食い繋ぎながら簀編を学んだ。「もうあの娘《こ》は、立派な跡継ぎやて」。あやめさんは太鼓判を押した。それから三年後、要三さんは跡取りの成長をその目に焼き付け、静かに息を引き取った。「年取ってから、娘でも出来た気でおったんかも知れんわ。あんでも若かりし頃は、ええ男やったんやて」。

　あやめさんはポツリとつぶやき、先祖代々受け継がれる簀玉を、鮮やかにその指先で繰り続けた。

灯台守

船見守る「派出所」　平成の灯台守

（三重県鳥羽市）

夕陽浮かべた内海《うちうみ》に
出船入船行き交う汽笛
岬の頂《いただき》入り江の番人
沖を目掛けて灯《ひ》を放つ

異国流離《さすら》う旅も終《つい》
瞼の向うに島影滲《にじ》む
君待つ祖国の入り江では
岬の灯《あか》りが我を手招く

「子供の頃、アメリカのテレビドラマ『わんぱくフリッパー』が大好きでした。それでコースト・ガード（沿岸警備）の仕事に憧れるようになって」。平成の灯台守・小林英則さん（五一）は、窓から鳥羽湾を眺め、少年のような眼をした。差し出された名刺には、鳥羽海上保安部・航行援助センター・主任航行援助管理官とある。三重県大王崎、平成の灯台守は七名。二十四時間交代制で、無線監視・気象観測・灯台の維持管理に追われる。

　小林さんは愛知県額田町に生まれ、地元水産高校の無線通信科から専攻科を経て、昭和四八年（一九七三）に入庁。すぐに大王崎灯台の航路標識事務所に無線技師として配属された。「私らの職場は、何処《どこ》まで行っても、周りは海しかありません。おまけに宿舎は、灯台と目と鼻の先。木造の古い建物で、船虫や百足《むかで》に悩まされました」。青春真っ盛りの四年間を、小林さんはここで過ごした。「賑《にぎ》やかな都会より、ここらの方が……地元の子供と釣したり、真っ青な海に潜ったりしとった方が楽しかった」。

　大王崎での暮らしを終え、名古屋の第四管区海上保安部へと異動。土建担当と言われる、灯台や宿舎の建設を担当する部署だった。無線屋とは全く畑違いの職務。夜学に通いながら、建築士の資格を習得した。翌年、友人が仲を取り持ち、年上の女房と所帯を構えた。若干二五歳の晴れ姿。後は男の子が産まれ、イルカを手懐《なず》けさえすれば、いつか夢見たわんぱくフリッパーを地で行くはずだった。

しかし現実はそれほど甘くない。二人の男子には恵まれたものの、全国各地を転々とする運命に。まさに昭和三二年（一九五七）の映画「喜びも哀しみも幾年月」でお馴染みだ。その後、北九州の関門海峡を守る七管本部へ。そして再び四管本部、本庁勤務を経て、第二の故郷とも言うべき、大王崎灯台に平成一三年（二〇〇一）着任。

「ただただ女房に感謝です。何処《どこ》へ転勤になろうと、家族一緒でした。だから腰を落ち着けて仕事ができた。灯台は、沖を行く船にとって、海の派出所ですから」。勤続三〇年の表彰を受けた、平成の灯台守は、踵《きびす》を打ち鳴らし鮮やかに敬礼。

中部経済の要《かなめ》、伊良湖水道航路を往く船の無事を祈り、今日も大王崎灯台へと向かう。

木地師

子とともに轆轤《ろくろ》挽《ひ》き「夢の機械」で特許取得

（岐阜県加子母村）

山の麓《ふもと》で水車が廻る
ゴトゴトゴットンゴットンと
木曽越峠に紅させば
加子母の短い秋が往《ゆ》く
轆轤《ろくろ》挽《ひ》くたび大鋸《おが》粉《こ》散り
秋の陽浴びて風に舞う
老父の周りでキラキラと
木地師の里の昼下がり

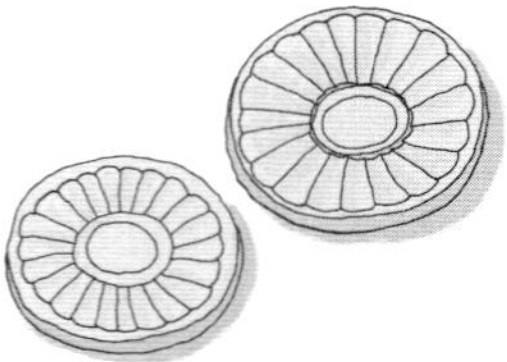

「もうここらの木地屋《きじや》じゃあ、俺んとこしか残っとらん。永く続いたってことは、始終貧乏背負《しょ》い切りでおるだけやて」。掌の大鋸屑《おがくず》を払い落としながら、老木地師《きじし》がつぶやいた。岐阜県加子母村の大蔵工芸所・三代目木地師の大蔵光一《みつかず》さん（七二）だ。

近江を発祥とする木地師・大蔵一族は、江戸末期、豊な森を求めこの地へ入植した。最盛期の明治初頭には、七軒の木地屋がひしめき、四基の水車で轆轤が回った。光一さんは、見よう見まねで木工を始め、一〇歳を過ぎる頃には何でも出来るほどの腕前に。「遊び道具の独楽《こま》やヨーヨー、それにジャンジャン車（滑車）は、お手のもんやった」。

戦時中は、軍の食器作りに追われ、戦後は土木作業に従事しながら夜学へ。その後、家業を手伝う傍ら、名古屋の親類の木地屋へも出向き、掛け持ちで轆轤を挽《ひ》いた。若いとは言え過労が祟《たた》り、ついに半年間の闘病生活へ。「床の中で考えが閃《ひらめ》いたんやて」。それは熟練木地師でも、一日十枚がやっとと言われた菊花鉢《きっかばち》を、軽々百枚仕上げる夢の機械だった。その名も「木工用彫刻機」。仕組みは、養蚕用《ようざんよう》の蚕《かいこ》の棚を利用し、自転車の車輪に斧《よき》と呼ぶ小型の斧《おの》を取り付けたものだ。試行錯誤の末、昭和四八年（一九七三）に特許を取得。「この機械は、本当にようけ

儲《もう》けさせてくれた」。これまでに七十万枚ほど製造された商品で、今も祝言の引き物として欠かせない。
昭和三六年、見合いで妻千賀子さん（六四）と結ばれ、一男一女に恵まれた。「昔の木地屋は、一所《ひとところ》の木を切り尽くすと、別の森へ材を求め移り住んだんや」。しかし流通網が整備された現代では、森を流離《さすら》う必要もなくなった。「でも所詮《しょせん》人好《ひとよ》しでのう、旨《うま》い汁はみんな問屋や一流百貨店に持ってかれちまって…。子供には継がせたくなかったんや」。光一さんは、陽が差し込む工場の片隅で、黙々と一人轆轤を挽く四代目の満さん（三二）に目を向けた。満さんは高校を出るとすぐ、父と共に轆轤を挽いた。「カエルの子はカエルやて」。光一さんが優しく笑った。

親の心子知らず。されど子は親を映す鏡。木地の正目《まさめ》を、活《い》かすも殺すも木地師の腕前一つ。損な性分の人好《ひとよ》し一家は、四代に渡り加子母の里にしっかりと根を張り続ける。

筆軸木管師

芯にこだわる　技と同じまっすぐな生き様

（愛知県豊橋市）

泥んこ顔のお転婆《てんば》が
見違えるほど綺麗《きれい》だ
内掛けに身を包んで
姉ちゃんが三つ指を着いた

親父は冷酒を煽《あお》り
古びた筆を取り出した
「孫の名はこれで記せ
お前の名付け筆だ」と

「娘はやがて巣立つものと
父さんは深い愛を注いだ
笑顔で送り出せぬ訳
分かっておやり」と母の声

「一生毛皮は買ってやれんだろう。でもその代わりお前が寒くないよう、死ぬまで一緒に寝てやる」。

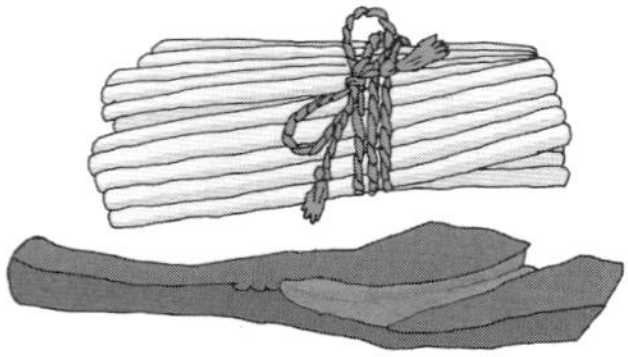

何とも乱暴な台詞《せりふ》が、プロポーズだった。愛知県豊橋市の二代目・筆軸木管師《ふでじくもっかんし》の鈴木欽一さん（六七）は、妻の由紀子さん（六〇）を盗み見た。

鈴木木管製作所は、「木管屋の神様」と讃《たた》えられた、初代清一が昭和一〇年（一九三五）に創業。紡績用糸巻きの芯《しん》を彫る技術を、木管の筆軸や筆鞘《ふでざや》に応用する、画期的な技術だった。だが日毎戦局は悪化。欽一さんが九歳の年、豊川大空襲で一家は工場もろとも焼け出された。終戦から九年、高校卒業と同時に名古屋の轆轤《ろくろ》師の元で一年間奉公し、父の元に戻って修業を始めた。硫酸鉄を溶いた湯で、竹を小一時間煮立て茶に染める。次に電熱器で竹を炙《あぶ》り、曲がりを矯正《きょうせい》。先代が発明した軸切り機で両端を切断する。面を取り、溝を彫って木綿糸を巻く。木骨《きこつ》を貼り、周りを削って表面を塗装。仕上げは、木骨にリリアン糸の輪を通す。「穂先の吸った湿気が、

リリアンを伝って逃げる。竹は生きとるでな」。

　修業から一〇年を迎えた朝だった。「今から岡山へ、嫁さん貰《もら》いに行ってくるだで」。父が旅支度でつぶやいた。由紀子さんは一六歳で郷里の岡山を離れ、豊橋の病院長宅で行儀見習をしながら看護婦を目指していた。ひょんな出逢いが二人を紡いだ。

「あの頃はよう風邪ひいてな」。傍らで由紀子さんが咳払《せきばら》いを一つ。一目逢いたさの仮病だった。二人の仲を知った父は、嫁取りへと旅立った。

　鈴木家の寿《ことほ》ぎは、一男一女の誕生へと続いた。しかしその喜びも覚めやらぬ四年後、煙草の不始末で出火し自宅と工場が全焼。煙草を一切口にしない欽一さんは、最後まで自分の不始末だと押し通した。

「筆軸は所詮《しょせん》黒子。筆師さんが穂先を埋めてくれんと物にならん」。欽一さんの言葉を、三代目を継ぐ美宏《よしひろ》さん(三六)が引き取った。「でも軸がなければ、筆にはなりません。私も父のように、筆師さんの信頼を早く得んと」。

　日本一の六甲矢竹《ろっこうやだけ》は、陽の当らぬ深い谷で、遥かな天空を睨《にら》みまっすぐ育つ。まるで筆軸木管師父子の、頑《かたく》なな生き様のように。

伊勢うどん職人

素朴な一杯　ふっくら太麺に秘伝のタレ

（三重県伊勢市）

お伊勢参りに賑《にぎわ》う参道
暖簾《のれん》ひしめく伊勢うどん
溜り醤油の出汁《だし》の香《か》が
詣でる前から鼻を惹《ひ》く

帰りは何処《どこ》に寄ろかしら
妻は今から気も漫《そぞ》ろ
今食べたいと子は愚図《ぐず》り
溜りませんわ伊勢うどん

「晴れの日の食事やったんさ。正月とか祭の日は、必ず伊勢うどん喰うて」。三重県伊勢市で大正末期から続く、名代伊勢うどん・山口屋の二代目山口浩さん（七七）は、前掛けを外して腰掛けた。浩さんは陸軍の航空隊で地上勤務に着き、旧満州への出兵寸前に終戦を迎えた。戦中・戦後の物資不足に、軒を連ねたうどん屋は、暖簾《のれん》を仕舞い休業状態に。復員した浩さんは先代と共に、近所の配給粉を預かっては麺にし、伊勢うどんの灯を守り続けた。

昭和二五年（一九五〇）の朝鮮特需を境に、翌年のサンフランシスコ講和条約による日本の「独立」回復へ。やっと平和を実感する日々が訪れた。昭和二九年、同級生の妹・貞子さん（七二）と結ばれ、うどん作りに精を出した。「わしは、ようもてよったでな」。隣の貞子さんが、鼻先で笑った。山口屋の伊勢うどんは、自家製のタレと、一時間かけふっくらと茹《ゆ》で上げる太麺が命。溜り醤油に煮干と鰹節を入れじっくり煮出し、創業以来の秘伝の味を加え、麺と相性の良い芳醇《ほうじゅん》なコクを醸《かも》し出す秘伝のタレが完成する。

「学生時代によう通ってくれよった人らが、ひょっこり立ち寄って『昔のまんまの味や。丼も一緒やし』言うて。今し、皆偉《え》ろなった人ばっかやけどな」

と、貞子さん。金毘羅《こんぴら》さんの讃岐うどんと、お伊勢さんの伊勢うどん。似て非なる、郷土が誇る素朴なうどん。麺も出汁《だし》も、食し方まで違えども、いずれの神々を詣でる参拝客には「まあ、遠路よう参ってくれた。さあ帰りにうどんでも食べてき」と、参道に漂う溜り出汁の香が、神々の有難いお告げとなって袖を引く。

三代目を継ぐ敦史さん（四三）は、銀行に就職してからも、週末には店の手伝いに明け暮れた。入行から六年目を迎えた頃。異動の辞令が下りた。「配属先がこの店の三軒となりの支店やって…。家へ戻れってことかと」。年老いてゆく両親の姿に、跡取りの責任を感じ銀行を辞した。

伝統を守りつつ、現代人好みの新商品も考案。「『ごちゃ伊勢うどん』言いましてな、揚げ・焼麩《やきふ》・蒲鉾《かまぼこ》の加薬《かやく》に、肉と海老の天ぷらを添えた具沢山の代物《しろもん》ですんや」。どこからどう見ても、元銀行員とは思えぬ若大将。

ふっくら茹《ゆだ》った太麺に、潮の香《か》漂う溜りダレ。溜《たま》らずお代わり、もう一杯。

寄席芸人

笑いに命張り、「嫁が逃げてもやめられん」（名古屋市中区）

小さな君が笑うたび
どれほど勇気を得たことか
客もまばらな寄席に立つ
儚《はかな》い浮草《うきぐさ》寄席芸人

「紹介したい人がいる」
年頃の娘になった君が言う
出囃子《でばやし》の音《ね》に舞台に上がりゃ
花道脇に二人連れ

「初めましてお義父さん」
楽屋でそのまま嫁入り話
今じゃ孫が笑うたび
心でテンツク寄席囃子《ばやし》

「今日も昼まで、ビル掃除のバイトしてきましてな」とは、名古屋市中区の寄席芸人・伊勢元気（本名／南端《みなみばた》繁希《しげき》）さん（五三）。伊勢さんはその名の通り、三重県伊勢市で漁師の長男として誕生。高校卒業後、県内の会社に就職。昼休みの食堂。テレビに目が釘付けとなった。同僚はコント55号（萩本欽一さん、坂上二郎さん）に夢中。「初めて欽チャン見て『こんなん俺も出来る！』。それが間違いの始まり」。

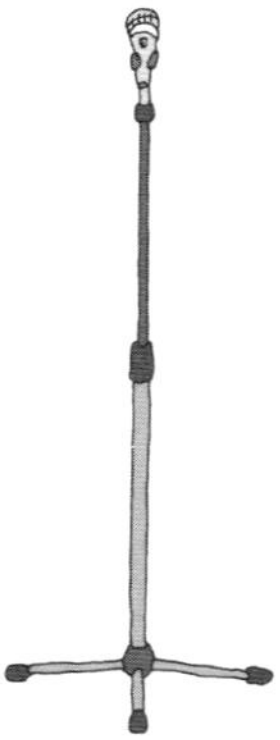

欽チャンへの弟子入りを目指し上京。所属事務所に座り込んだ。「ハトバスに乗ったら国へ帰れ。コント目指すならまずは芝居だ」と言われ、その足で大阪へ。寿司屋に住み込み吉本新喜劇の団員募集に応募。研究生としてコテコテの新喜劇を学んだ。「東京で一旗揚げたい」と、二五歳で再び上京。浅草のストリップ劇場やキャバレー廻《まわ》りの日々。「女の裸もただやしな」。吉本の後輩と結成した「天突《てんつく》

天《てん》」のコンビが人気を呼び、大手芸能プロに所属。和田アキコ主演の映画「お姐《ねえ》ちゃんおてやわらかに」に出演。次々と仕事が入った。「金も仕事もあって、すっかり有頂天」。ついに社長から『もう少し勉強しようか』と遠回しな解雇通達。

二九歳で名古屋に戻り、大須演芸場で「劇団Ｎｏｗ」を旗揚げ。翌年劇団員を妻に迎えた。一男一女に恵まれたものの、鳴かず飛ばず。家族を引き連れ実家に戻り、アサリ漁で生活を支えた。子供が成長しゆとりも出ると、テレビの芸人が目に付く。「こいつら、違う」。家族を年老いた母に託し、劇団伊勢を結成。再び大須の舞台に。とはいえ、所詮《しょせん》金にはならない。朝一から昼まで喫茶店。昼からは靴屋の販売員。店番の隙《すき》を見て演芸場の舞台に立ち、深夜まで居酒屋の調理場で、酔客相手に話芸で盛り上げる。「子供が一端《いっぱし》になった途端、女房に逃げられてな」。窓の外、子供の手を引く幸せそうな家族に目をやった。

「奥の席から笑いの波が押し寄せる。それをもう一度味わうまでは…」。男はしたたかに明日を見つめた。寄せては返す波のような人生。「馬鹿にされても、舐《な》められたくはない。せめて舞台の上ではな」。初めて見せる厳しい眼差《まなざ》しで、寄席に命を張る小柄な芸人はつぶやいた。

切花職人

手製のブーケで嫁入り　摘み取られた命を蘇《よみがえ》らす（岐阜県大垣市）

生家の庭の片隅で
今年も忘れず咲く花は
床伏す母の目の保養
幼い娘と植えた秋桜《コスモス》
蕾《つぼみ》の開花待ち侘びて
母は静かに旅立った
墓前に手向けた秋桜が
行く秋惜しみ揺れている

「求人の貼り紙見てからもう三二年。花の勉強からお勝手仕事に花嫁修業まで教わり、おまけにここからお嫁に出してもらって」。岐阜県大垣市で創業百年を越す、西田花店に勤める水野芳子さん（五一）は、感慨深げに語り出した。芳子さんは、昭和二七年（一九五二）に北海道の十勝平野の農家に生まれた。「母は花が大好きで、家の周りは四季折々の花でいっぱい」。

しかし小学五年生の年、大好きな花に囲まれ母が他界。幼い弟妹の面倒を見ながら、父と農作業に明け暮れた。北海道生まれの母が亡くなり、父の故郷・岐阜県養老町へ移住。一八歳の芳子さんは、大垣市の紡績会社に勤め家計を支えた。「毎日同じ仕事の繰り返し。息が詰まっちゃって」。広大な北の大地の大らかさが、恋しく感じられた。

翌年春、店先にあった求人の貼り紙に、買い物帰りの足が止まった。そのまま西田花店へ入社。住み込み生活が始まった。「これで毎日、大好きな花に囲まれる」と、意気込んだものの、一年間は先代のお婆ちゃんに付き、お勝手仕事と花嫁修業の手習いばかり。二度目の春が訪れると、大好きな花が四季折々の彩りを添え、芳子さんを迎えた。花市場から荷が到着すると、余分な葉や棘《とげ》を取り、水上げや湯上げで花に新たな命を与える。ボタンなどの特殊な花は、根元を火で炙《あぶ》り、真っ黒に焼いてから冷水に。一度は摘み取られた命が、切花職人の手により見事に蘇《よみがえ》る瞬間だ。

昭和五三年、長野県出身のご主人・勝さん（六一）と結婚。先代のお婆ちゃんは、まるで我が子の晴れ姿でも見るような想いで、白無垢《しろむく》に打掛姿の芳子さんを送り出した。「滝のような、三段組のキャスケードブーケも自分で作って」。花屋で嫁入り支度を整え、手製のブーケを携える。花嫁を「花の嫁」と呼ぶに相応《ふさわ》しい門出だった。しかしなかなか子宝に恵まれず、七年目にしてやっと一人息子が誕生。「家族の縁が薄いのかな。でもその分、この店の人たちが家族みたいに温かくて」。忙しげに立ち働く同僚を、芳子さんは見つめた。

「福寿草が好き。だって一生懸命に咲いてるでしょ」。まるで愛しい我が子のように、切花に新たな命を授ける切花職人。

店先の花に癒された三二年前。まるであの日の花の心に、報いるかのようだ。

海女眼鏡職人

夫が作り妻が潜る　細かな気配り、愛され続け（三重県鳥羽市）

磯笛響く石鏡《いじか》の浜に
海女舟揺れて鳥が鳴く
濡れた磯着で空見上げ
漁終え外す海女眼鏡《あまめがね》

海女の眼鏡に映る景色は
陸では見れぬ竜宮城
白い磯着で禊《みそぎ》して
海棲《す》む神に無事祈る

世界の海に認められた「海女眼鏡《あまめがね》」。文字通り海女専用に開発され特許も取得した「城山式水中眼鏡」だ。「ここいら海女の本拠地みたいなもんやで。鳥羽の鉄工所にいとった親父も、潜りが好きやってなあ、二五歳の時にゴムと真鍮《しんちゅう》に平面のガラス板を組み合わせて、発明したんがこれやさ」。三重県鳥羽市石鏡《いじか》町の海女眼鏡職人・二代目の城山巳治夫《みちお》さん（七四）は、昔の氷枕を思わせる橙色《だいだいいろ》のゴムに金色の縁取りのある水中眼鏡を取り出した。ちなみに昔の海女用水中眼鏡は、ニッケル製でレンズが丸く脹《ふく》らみ、一人一人の顔形に合わせる難儀な代物。その難点を改良し、巳治夫さんの父が試行錯誤の末に発明した。

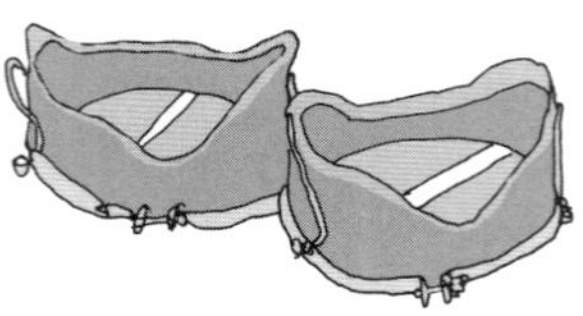

毎日の重労働で、最盛期の海女は顔が細る。それを見越した微調整の機能と、海底から水面が見やすくする工夫も取り入れた。海女の本拠地ならではの細かな気配り。それが口伝《くでん》となり全国各地の海女から注文が殺到した。最盛期には、年千個も出荷。とは言え、全ての部品を手作りで組み立てるから大変。ガラスを丸く切り出し、枠用の真鍮が弧を描くように曲げて叩き出す。鼻の部分のゴムを削り、小物金具と紐《ひも》ゴムを取り付ける。「設計図はじぇんぶ頭ん中や。木槌《きづち》も手製やし、なんぼでも出来るわ」。

中には、度付きの特製海女眼鏡の注文もあった。さらには、オーストラリアの木曜島やハワイからも注文が寄せられた。「とにかく丈夫に出来とるで、海女さんらの方が早よに亡くなるんやさ」。巳治夫さんは笑った。

四男坊として生まれ、終戦間際に予科錬を志願。復員後は、漁船の機関士を経て父の跡を継いだ。

「なんや爺やんここやったんか」。五〇年前に巳治夫さんに嫁いだ、現役の海女・千代子さん（七二）がやって来た。半世紀の間、夫はコツコツ海女眼鏡を作り、妻は夫の作った眼鏡を着け海へと潜り、立派に三人の子を育て上げた。「もう今日び、海女になる人がおらんでな」。夫の言葉に、千代子さんがうなずいた。

「もう今し、作っても年間で二百個ほどや」。それでも海に身一つで命を張り、大自然の恵みを糧《かて》とする、逞《たくま》しい素潜りの海女に愛され続ける城山式水中眼鏡。「まんだ材料はこんなに仕入れたるんやさ」。巳治夫さんは、真鍮の束を重そうに引きずり出して笑った。

女釘師

昭和の名残《なごり》女釘師　ゆっくり転がる玉が魅力（愛知県豊橋市）

お給料日はひと月で
父が一番偉い日だった
百円握ってスマートボール
母も渋々送り出す

両手に抱えた紙袋
卓袱台の上で店開き
お煎《せん》にキャラメル金平糖
父は得意げ赤ら顔

「ガラガラガラ」。店内のあちこちで、ビー玉がスマートボールのガラス板を転がる。試しに百円玉で挑戦。だがすぐには、うんともすんとも言わない。三秒ほどして、二十五個のちょっと大きめのビー玉が手元へと転がり落ちてきた。「あかんて。まっと左半分に玉を落とさんと」。豊橋市のアサクラ・スマートボール、女釘師《くぎし》でもある店主の朝倉文子さん

（七五）が、台の向こうで声を張り上げて笑った。

　文子さんは生後間もなく、朝倉家の養女として迎えられ、女学生時代を名古屋で過ごした。しかし終戦間際の空襲で焼け出され、一家は文子さんの実父を頼り豊橋へと移り住んだ。「戦後間もなくこの店を借りて、野菜や果物、それとかき氷も売っとったに」。昭和二三年（一九四八）、重三さん（八〇）が婿入り。その二年後、店を借りたいと浜松の男が訪れ、スマートボール店を開業した。「その人の息子が店番任されとったんだけど、売上持っては夜遊びばっか。とうとう一年もせんうちに店仕舞い」。文子さん夫婦が、そのまま営業を引き継いだ。

　当時は十円で玉が五個。パチンコ屋の大将の勧め

で、遊技場組合に加盟し、出玉を景品や現金に換金した。「それが流行《はや》ってないだよ。パチンコは玉がまっすぐ下に落ちるけど、これは台が斜めだで、玉がなかなか落ちんらあ。だで売上も増えん」。

手打ちから自動へ。最新のデジタル技術を取り入れ、射幸心《しゃこうしん》を煽《あお》るパチンコの隆盛とは裏腹に、スマートボールは衰退の一途を辿《たど》った。昭和六〇年頃には、台の製造が中止。現存する二六台が、薄れ行く昭和の名残を今に留める。

「もう全国でも、うちと大阪・通天閣の、二軒だけらしいわ」。最新のコンピュータ制御のパチンコとは違い、出玉の予測も立たず天候次第とか。「もうやめようと思いながら、年金まで景品代に注ぎ込んで。でもやめたら呆《ぼ》けるかなと思って」。文子さんは、愛《いと》しそうに店内を見回した。

ついに最後の一個となった玉を弾く。玉はゆっくりと盤上を転がり、五と十五の当りの穴を行ったり来たり。思わせぶりな玉は、結局五の穴に落ちた。

「釘師の腕がええで、そう簡単にようけ出る方へは入らんて」。台の向うで女釘師はしてやったり。たった百円玉一枚の戯れ。緩やかな昭和半ばの時間が、心地よく流れ行く。

竿師

長良川と釣を愛し　美術品と見まごう郡上竿（岐阜県美並村）

長良の流れ腰に受け
囮《おとり》の鮎に穂先をまかす
胴に伝わる微かな当り
釣り名人と郡上竿《ぐじょうざお》
霞《かすみ》垂れ込む川面から
幾重も伸びる釣り人の影
長尺竿《ながしゃくざお》を岩場にかざし
我に釣果《ちょうか》の誉《ほま》れあれ

「ポン、ポン、ポン」。何とも小気味良い音が、竿《さお》の継ぎ手から響いた。「この音が郡上竿《ぐじょうざお》の命なんやて」。岐阜県美並村の二代目竿師《さおし》・福手《ふくて》福雄さん（六八）は、真鍮《しんちゅう》が巻かれた継ぎ手を差し出した。釣好きの初代・俵次《ひょうじ》は昭和の初め、関東の釣客が携えた組立式の竿に目を留めた。すぐに見よう見真似で竿作りを開始。戦争が忍び寄る中、今のような真鍮は手に入らず、継ぎ手には空き缶を利用した。「わしもわしも言うて、皆空き缶持参やて」。

福雄さんも父に劣らず大の釣好き。昭和二五年（一九五〇）、中学を上がると父と共に竿作りを始めた。「昔は鮎も値が張って、竿も売れて売れて」。禁漁期は竿作りで稼ぎ、解禁を待ち鮎釣りでもう一稼ぎ。十月初めからは竹切、十一月に入ると大きなトタン板の鍋に灰を入れ、竹の油取りに追われた。年の瀬を天日干しに費やし、年が改まるといよいよ竿作りの開始。

四間（約七・二メートル）物の五本継ぎは、穂先—穂持ち—三番—二番—元台と組む。「早く出る竹は重い。逆に遅いと軽くなるんや。枝が三つ出た所で切出すんが一番やて。あんまり竹も、みあいて（陳《ひ》ねて）まうと、しなりが悪なる」。半世紀を費やした、竹選びの目は厳しい。

管継《かんつ》ぎが定まると、真鍮板を何度も火で炙《あぶ》って真っすぐ伸ばし、二枚重ねで継ぎ手を取り付ける。次に絹糸を何度も竿に巻き付け、漆で留めて柄《がら》を描き出す。元台には、藤蔓《ふじづる》が滑り止めに巻き付けられる。

「一本の竿に、九〇〇メートルも絹糸を巻いたこともあった。人が来ると、糸が弛《ゆる》んでまうで、店閉めきってやらなかん」。

　自慢の柄《がら》が入った竿を取り出した。飴色《あめいろ》の光沢の中に、幾何学《きかがく》模様のように巻き付けられた、一本の絹糸が描く竿師の意匠。しばらく、その美術品とも呼べる美しさに魅せられた。

　元台に打たれた、釣師の誉《ほま》れとも言うべき「福作」の銘。「使ってもらわな、何にもならん。所詮魚釣るための竿やでな」。何の気負いもなく、竿師はつぶやいた。

　今ではカーボン製の竿が主流となり、一年に五十本の生産がやっと。「鮎釣りには、竹竿が一番。でも跡継ぐもんもおらんし、わしで終《しま》いや」。店の前を悠然と流れる長良川。誰よりも長良の流れを愛し、釣りを愛した竿師二代。かつて生活を支えた道具は、美術品と見紛《みまご》う美しさを手に入れ、やがて儚《はかな》く消え入ろうとしている。

真珠養殖

「玉が光り輝いとる」…海と苦楽ともにした夫婦（三重県志摩町）

波間に揺れる月明かり
星と漂う沖の漁《いさ》り火
夜空と海の境界が
溶け出すほどに夜は更ける

月の雫《しずく》を受け止めて
アコヤは深い眠りについた
宇宙《そら》の欠片《かけら》を身に宿す
至宝の光真珠貝

「アコヤ貝の貝柱は、生のまんま酢味噌で喰うのが一番やさ」。三重県志摩町で昭和二九年（一九五四）から、真珠養殖を営む城山勇さん（七七）は、筏《いかだ》の上に組まれた作業小屋の中から身を乗り出した。

臨時のお手伝いさん達の笑い声が、英虞《あご》湾を臨《のぞ》む入り江に響く。「ここらのお手伝いさんらは、日当も大事やけど、一番のお目当ては貝柱のお土産やさ」。

勇さんは志摩町の水産高校（現県立三重水産高校）を卒業後、半年間の陸軍生活を経て、終戦後郷里へ。程なく三陸沖の遠洋漁業に従事し、カツオやマグロを追った。昭和二三年（一九四八）、妻ヤチ子さん（七二）と結ばれ三人の娘が誕生。「ここらは、子供が生まれるとオコゼを食べさす風習があってな。うちも娘が生まれる度に喰わしたもんやさ」。勇さんの養殖場のあるオコジ浦は、「奥地下」が訛《なま》ったとも、またオコゼが沢山《たくさん》取れるからとも言われる。

「昭和二七年（一九五二）頃になると、親戚《しんせき》のもんらは、景気も上向いてきたし外貨も稼げるでゆうて、みな真珠養殖に乗り出しよった」。勇さんも親戚の家で真珠養殖を学び、二年後に独立開業した。「親父がセッセと貯め込んだなけなしの百万円が軍資金。不味《まず》いもん喰うて、着るもんも着やんと頑張

ったもんやさ」。

真珠養殖は、アコヤ貝の母貝に、ドブ貝やシロチョウ貝で作った核を埋め込む。それを沖に出し、十日に一度の割で引き上げ、付着した汚物を取り除く。そして十二月中旬、待ちに待った水揚げ期を迎える。しかし、あくまで大自然が相手。これまでには、伊勢湾台風やチリ地震による津波で、壊滅的な打撃を被ったこともあった。また海水が汚染され、プランクトンが減ったり、貝柱が赤く変色する赤変《せきへん》病が発生することもある。「巻きが悪なり、色が翳《かす》んで真珠が死ぬんやさ」。海中に石灰や改良剤を撒《ま》いて対策を講じても、「海は広いでなあ」と苦笑いの勇さん。「そやけど楽しいよ。玉が光り輝いとると。女房に宝石買ってやったことは一度もないけど。水揚げした一番出来のいいのは、毎年ポケットへ仕舞いこんどるんやで。まあええやろ」。

五四年の歳月を連れ添い、真珠と共に歩んだ老夫婦。ならばいっそ六年後。酢味噌和《あえ》の貝柱を肴《さかな》に、二度目の大真珠婚式と洒落《しゃれ》込んでほしいものだ。

潜水夫

海中で日本支える　水深六八メートルの工事にも（愛知県田原町）

人は海から来たのだろうか
海の中に潜るたびそう感じてた
進化の記憶などあるはずも無い
なのに身体は何かを感じてる
母の胎内《おなか》で浮遊した記憶の欠片《かけら》
遠くで優しい声がした至福の時
海の闇も不思議なほど怖くない
いつも母さんが側に居る様で

「行って来る」。全身黒のドライスーツに身を包んだ男は、船上の息子にそう一言告げると、藍よりも深い海の闇へと吸い込まれていった。愛知県田原市赤羽根町の潜水夫・松本成広さん（四三）だ。松本さんは、海から隔たった京都の街中で、中学卒業まで過ごした。「岡山の叔父が、韓国産のサザエやアワビを輸入して、生簀《いけす》に生かしとったんやけど、ようけ桟橋《さんばし》の下とかにも落っこちとってな。それを潜って拾うのが、あの頃の生き甲斐やった」。

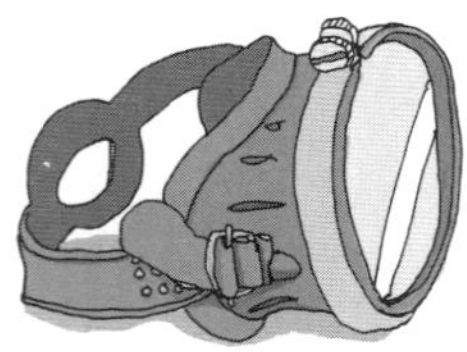

叔父から父親を説き伏せてもらい、一七歳の時に潜水会社に助手として入社。酸素ボンベの代わりに、潜水夫に空気を送るフーカーホースの介添えを続け、三ヵ月後には潜水士免許を取得した。それからは、鳴戸大橋の下部工事、対馬、長崎の大村湾、渥美半島と各地の海を巡った。水深一〇メートル以内で一日八時間、五〇メートルなら一日一時間の潜水となる。「海の中にはトイレがないでな、朝は水分控えとかんと、えらいこっちゃ」。

一九歳の年にフリーダイバーとして独立。翌年、岡山県出身の佐久美さん（四三）と結ばれ、三人の子供に恵まれた。「まあ、現地調達みたいなもん」。佐久美さんが照れ臭そうに笑った。

昭和五九年（一九八四）から三年間、二〇世紀最長となった瀬戸大橋建設では、橋桁《はしけた》の基礎となる海中六八メートルでの下部工事にも携わった。「毎分一〇メートルずつしか浮上したらかんのやで、命懸けやわなあ」。その頃から、年々赤羽根町での仕事が増え、昭和六三年頃には、年の内十カ月も赤羽根に出張するありさまに。一家は平成元年（一九八九）十二月に、岡山からの移住を決意した。

「熊野灘の水深一五メートルんとこで、いっぺんフーカーホースが抜けてなあ、二〇キログラムのウエイト外して緊急浮上したこともあった。それや一・五メートルほどのハンマーシャークに遭遇したり」。松本さんは潮焼けた顔を綻ばせた。

危険と背中あわせの仕事故、さぞや妻も心配であろうと水を向けた。「父も潜水夫だったんだけど、あんまり仕事のことはよう知らんし。最初の頃は、傘でも差して潜っとんやろと思ってたくらい」。佐久美さんが大きく笑った。「空気のない場所で仕事しとるでね」。夫は苦笑い。今は船上に次男が乗り込み、命綱のフーカーホースを巧みに操る。海中で日本を支える、潜水夫の父を夢見て。

桐箪笥職人

検竿《けんざお》一本で一棹《ひとさお》 修業積み父の店を再興（岐阜県関市）

娘が生まれた祝いにと
庭先植えた桐の木は
泣いて笑って喧嘩した
思いの数だけ枝を張る

嫁入り話が決った日
桐に礼述べ斧《おの》を振る
嫁入り箪笥《だんす》に姿変え
娘の幸せ託す寂しさ

「図面なんて頭ん中やで、どこにもあれせん。この検竿《けんざお》一本で、桐箪笥《きりだんす》一棹《ひとさお》作っちまうんやで」。長めの胴縁《どうぶち》には、尺寸分《しゃくすんぶ》の単位で、三面に目盛がビッシリ刻み込まれている。岐阜県関市の杉山タンス店・三代目桐箪笥職人の杉山弘さん（七七）は、使い込まれた検竿を繁々《しげしげ》と眺めた。杉山タンス店は、明治末期に弘さんの父が創業。「親父は最初、大阪で警官になったんや。でも『人に嫌われるで』いうて、すぐに大工の見習いへ」。修業が身に付くと、これぞという箪笥を購入しては分解し、こっそり技術を盗み取って箪笥屋を開いた。「岐阜の桐箪笥は作るのんも早いが、壊れるのんも早い。そこで親父は尾張の良さを取り入れたんや」。

やがて二代目を継ぐ長男と、二男坊の弘さんに恵まれた。しかし、ささやかな幸せを嘲笑《あざわら》うかのように、時代は戦争のうねりの中へと突き進んで行った。昭和一八年（一九四三）父が他界。まるで後を追うように、二代目の兄がマリアナ諸島に散った。弘さんは悲しみに打ちひしがれる余裕もないまま、各務原の陸軍航空廠《しょう》で航空機の整備に借り出された。玉音放送と共に、貧しくも平安な日々が訪れ、父

の一番弟子であった職人が、箪笥屋を開業。弘さんは職人の下で修業を積んだ。そして若干二三歳の若さで、父と兄の無念を晴らすべく、杉山タンス店を再興。それから五年、悦子さん（七二）を嫁に向かえ、二男一女を授かった。

一棹三年といわれる桐箪笥職人の多難な修業。砥《と》粉と夜叉《やしゃ》液で、独自の色合い出す最後の仕上げは、未だ弟子にも明かすことない秘伝の一つ。

「昔は娘が生まれると桐を植え、嫁入りの時に箪笥にして持たせたもんや。桐はええ木やて。金槌《かなづち》で叩いても元へ戻るし、ぶつけた傷があっても蒸気吹き掛けりゃあ元へ戻るんやで」。弘さんは、洗濯のために戻って来た、桐箪笥の引き戸を開けた。裏側に擦《かす》れた墨書、初代の銘。「桐は水分の調節が上手く、衣類の湿度管理に最適。火事の時でも水を掛けてやれば、水を吸収してなかなか燃えません」と、四代目を継ぐ康弘さん（四八）。

初代が手塩にかけた戦前の桐箪笥に、往時を偲ばせる美しい柾目《まさめ》が蘇《よみがえ》る。弘さんは、まるで亡き父を偲ぶかのように、引き戸をそっと閉めた。

蒸饅頭職人

「うちのは日本一」。大正の味そのまま今に（三重県二見町）

縁に面した硝子窓
長閑《のどか》小春日忍び込む
お炬燵《こた》の船を肩で漕ぐ
老船頭の夫婦舟

幼い頃の楽しみは
お炬燵で剥《む》いた蜜柑《みかん》の香
七輪炙《あぶ》る酒饅頭《さかまんじゅう》
若き日父母の笑い声

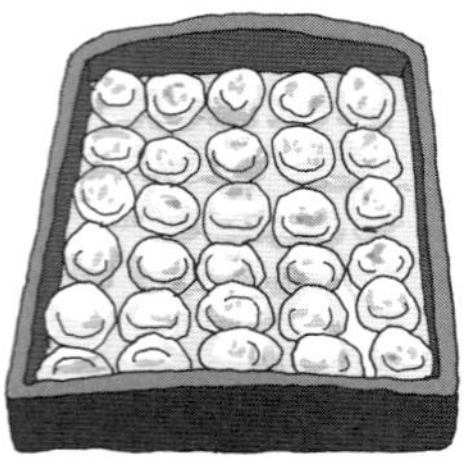

磨き込まれた引き戸を開けると、ほんのりと酒の香が鼻先をくすぐる。「昭和も三〇年（一九五五）頃から大阪万博の頃まで、ここらはよう賑《にぎ》わってな。気が付くと、客が広間に上がり込んどるほどやったんさ」。三重県二見町で大正二年（一九一三）創業の、旭家酒素《さかもと》饅頭・三代目女将の晝河《ひるかわ》笑子さん（七八）は、往来を眺めた。学校帰りのランドセル姿が、ふざけ合い屈託のない笑い声を響かせながら通り過ぎてゆく。

同町生まれの笑子さんは、一六歳も年上の三代目・久男さんの元へと、一八の娘盛りに嫁いだ。「祝言は、戦争の最中やったで、モンペ姿で嫁入りやさ。当時は憲兵隊が目光らせとるゆうて、見つからんよう夜遅うにわずかばかりの親戚呼んでな、それで固めの盃やってん。何や悪いことしとるみたいで、味気なて」。当時は統制経済の影響で、小豆も砂糖も極端に不足し、何処《どこ》も彼処《かしこ》も暖簾《のれん》を下ろした。久男さんは、わずかに背が足らず徴兵検査を落ち、銃後の守りとして国鉄に勤務。「先代が達者なうちに修業を積もう」と、昭和二四年（一九四九）に国鉄を辞し、三代目襲名の修業が始まった。

真夜中十一時頃から、酒素を一夜仕込みで寝かせ、

翌早朝から蒸気が立ち込める中で饅頭を蒸し上げる。季節によって酒素を寝かす時間も、蒸し加減も微妙に異なり、饅頭一つ一つに職人が命を吹き込む。

「昔の人らは、お伊勢さんと二見の興玉《おきたま》さんでお参りして、夫婦岩拝んでから、うちの饅頭買って帰るんが楽しみやったんさ。これ食べて大きなっていかれた方は、今でもわざわざ立ち寄るほど」。

昔と何一つ変わらぬ手法で、大正の味をそのまま今に受け継ぐ。翌日には餡子《あんこ》を包む薄皮が硬くなるのも、酒素饅頭ならではの特徴だとか。昔なら七輪の上でさっと炙《あぶ》るだけで、芳ばしい皮の焦げる香と、ほのかに酒の香が立ち込める。

「『自分が旨《うま》いと思えんような饅頭は、絶対お客さんに売ったらあかん』言うて、息子は毎日二～三個ずつ、摘み喰いしては、『うちの饅頭は日本一や』言うのが、口癖なんさ」。笑子さんの笑い声に混じって、玄関口で「ハックション。あっ、誰か噂しよったな」。

四代目を継いだ大の餡子好き、智也さんのお帰りだ。笑子さんが息子を背に、こっそり笑った。

三味線皮張師

阿吽《あうん》の呼吸頼りに　文楽奏者の信頼厚く（名古屋市瑞穂区）

鄙《ひな》びた家並三味《しゃみ》の音響く
名残伝える花街通り
宵の座敷が掛かるまで
端唄にのせる撥捌《ばちさば》き

宵に花咲く花街あたり
粋な芸妓《げいこ》がシャナリと歩み
白いうなじも艶《あで》やかに
照れて隠れる朧月《おぼろづき》

「母は名妓連《めいぎれん》の芸妓で、笛専門。叔母もやっぱり芸妓で、小さい頃から三味線や笛の音を子守唄代わりに育ったんだわ」。名古屋市瑞穂区の浅田屋三味線店・六代目の皮張師・井坂繁夫さん（六〇）は、渦高く積み上げられた三味線の胴を背に笑った。

江戸末期、加藤仙右衛門改め常吉が創業。二代目が浅田屋で修行し、暖簾分けで屋号を浅田屋に。三代目の早逝《そうせい》で年端《としは》も行かぬ四代目は、叔父の故・山田隆利に五代目を譲った。繁夫さんは、隣で暮らす母の姉の夫である五代目を、父親代わりに育った。「高校を出てすぐ、何のためらいもなく、親父の下で修業を始めてました」。

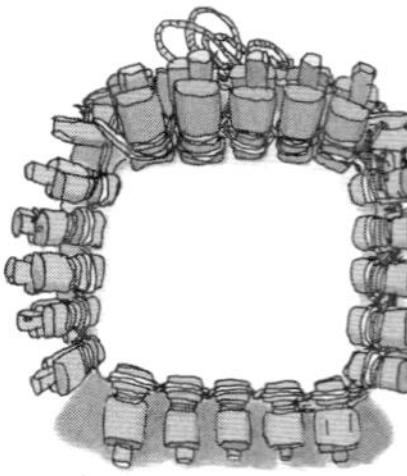

三味線は、棹《さお》師・胴《どう》師・張《はり》師の分業制。張《は》替えの場合、胴が割れぬよう紐を掛け、破れた皮を剥ぎ糊を落とす。次いで、弾き手の特徴を思い描きながら、皮を吟味し水に浸した布巾《ふきん》で数分湿らせ、肉眼では見えない薄皮をニベと呼ぶ紙で擦《こす》り落とす。そして寒梅と呼ぶ糊粉を胴に塗り、巨大な洗濯挟みを模した木栓《きせん》で張り伸ばす。弾き手の好みの音を脳裏に浮かべ、木栓の上から紐を掛け、台座に木製の楔《くさび》を打ち込み張り具合を補正する。

さらに微妙な鳴り具合は、モジリと呼ばれる象牙の棒で、紐の絞まりを調整。温風器の前に立てかけ、

二時間前後乾燥させる。奏者がいつどこの舞台で、演目は何かまでを考慮し、その舞台に相応《ふさわ》しい状態で鳴るよう乾燥具合を整えるのだ。「特に歌舞伎座は、乾燥がきついんですわ」。

現在、文楽の太棹奏者は十五人。その皮張を引き受けられるのは、日本に唯一人、繁夫さんしかいない。

「演目と弦の高さを調整するコマを『二匁《もんめ》八分で』と、それだけの注文」。まさに奏者と張師の信頼と、阿吽《あうん》の呼吸だけが唯一の頼り。修業から早一〇年を迎えようとしていたある日、文楽三味線の人間国宝、六代目鶴澤寛治師から電話が入った。「『これ、ぼくが張ったでしょう。若いから力いっぱいに張って、強弱がちょっと足りないね。でも良く鳴るよ』って。それまでは親父が張ってましたから、でもその一言で自分の未熟さを知ったと同時に、自信もいただけて。粋な計らいでした」。

今はそれぞれに、伝統を受け継いだ七代目の奏者と、六代目の張師が、日本の音曲《おんぎょく》を後世に伝える。

村の駐在さん

村の安寧願い　二十四時間無休のサービス業

（岐阜県上之保村）

社《やしろ》に続く　石畳
色取り取りに　夜店が並ぶ
金魚掬《すく》いに　水風船
キラキラ光る　リンゴ飴《あめ》
母からはぐれ　泣き出すと
誰かの肩に　抱き上げられた
母さんいるか　そう問うて
駐在さんが　微笑《ほほえ》んだ

「中二の頃、テレビドラマの『刑事くん』に憧れたんやて」。岐阜県上之保村の駐在所で、巡査部長・水谷保住《ほずみ》さん（四六）は、窓から茜色に染まる山並みを眺めた。

水谷さんは、同県白鳥町生まれ。地元の中学を上がると、片道二時間も離れた高校へ進学。柔道で汗を流しながら、見事皆勤賞で卒業し、警察学校へと進んだ。翌年春、夢に見た憧れの真新しい制服に袖を通し、中津川警察署管内の派出所へ勤務。巡回連絡の傍ら、事件・事故現場へと駆け付ける日々を送った。

そして昭和五九年（一九八四）。二七歳になった水谷さんは、関警察署の刑事課捜査一係に配属され、強行犯・盗犯事件を担当。「刑事くん」から一三年目の晴れ姿だった。それから程なく殺人事件が発生。「ちょうど内勤の宿直日やった。民家の敷地に不審者がおると一一〇番通報が入って。当時は、今みたいに物騒な時代やなかったし、内勤やったで拳銃を携帯しとらなんだ。同僚と二人で警棒と警杖《じょう》を持って現場へ。駆け付けて見ると、身体中血塗《まみ》れの男が、目の前で包丁構えとった。エイッとばかりにタマ（被疑者）を取り押さえ、その場で緊急逮捕やて」。

水谷さんは翌月、関市の農協に勤めるゆきえさん（四四）と結ばれた。金融機関への警邏《ら》中、こっそりゆきえさんを見初めたとか。翌年、長女が誕生。「不規則な仕事やで、娘の寝顔しか見たことないんや。非番で娘抱いても、目付きが悪いですぐに泣かれるし」。

平成一〇年（一九九八）春、上之保村の駐在所に着任。以来、毎年の家族旅行も見合わせた。「警察の仕事は、いつあるか予定が立たんで心配なんやて。この村のことが。駐在は二十四時間、コンビニみたいなサービス業やで」。警官に天職を捧げるかつての柔男《やわらおとこ》が、大きく笑った。「わし草刈が趣味なんやて。非番の日は一人暮らしのお年寄りの家で、草刈ったり雪掻《か》きしたり」。

刑事時代は同級生からも、目付きが鋭いと指摘される始末。しかし今では、村人から気さくに「駐在さん」と呼ばれるのが、何よりの誉れだ。「警邏から戻ると、ようこんなん置いといてあるんやて」。新聞紙に包まれた野菜に照れ笑い。その眼光には、かつての鋭さが消え、日々村の安寧《あんねい》を願う、「駐在さん」の優しさが滲《にじ》んでいた。

削り節職人

戦渦乗り越え　古来の製法にこだわり（三重県津市）

おっちゃん削った鉋屑《かんなくず》
何でそんなにええ匂《にお》い
思わずうどん喰《く》いとなる
黒い棒切れ何の木や

そんな魚があるかいな
子供騙《だま》して面白《おもろ》いか
少し摘《つま》んで喰うてみよ
出汁《だし》がジュワっと口ん中

「芯《しん》まで飴色《あめいろ》しとる近海もんが、最高にええ出来の本節やさ」。削り節職人は、拍子木《ひょうしぎ》程の大きさをした背節《せぶし》を取り出した。三重県津市・鰹節きよしやの山下清さん（八六）だ。

三重県大王町の波切で生まれ、母の勧めで削り節職人の修業へ。新鮮な生鰹《なまがつお》を仕入れ、頭・骨・血合いを取り除き、背割りで二分、背と腹も二分し四つに切り分け、下から火を入れ十分に乾燥させる。日陰で十五日間寝かせ、青い粗《あら》めの一番黴《かび》を付け、丸一日天日に晒《さら》す。再び十五日間、日陰で二番黴を付着させ天日干し。さらに十五日間、細かい茶褐色の三番黴が付くまで、延べ五十日の作業を繰り返す。「煤《すす》けて真っ黒んなった本節を、小刀で滑らかな肌になるまで削るんさ。滓《かす》もええ出汁《だし》やで」。黴付けから煤の削り落しまでが、削り節職人の腕の見せ所。

三年の修業を終え、四国へと渡った。「電気関係が好きやってさ、発電所に勤めましたんさ」。一年後郷里に戻ると、役場から赤紙が届いた。「母が泣いて泣いて」。同県久居市の連隊で三カ月間のにわか教育を受け、中国の前線へ。「なともならんわ。毎日人殺しばっかり教えよって」。昭和一七年（一九四二）内地に無事復員。「このままやとまた召集される言うて、嫁を世話されて海軍工廠《こうしょう》に入ったん

さ」。同郷のきみえさん（八〇）を妻に迎え、飛行機製造に従事し終戦。

「ここは昔ぜんざい屋やった。一杯喰うたろ思て店入ったら、今日で店仕舞《しも》て四日市の人に売るんやと。そんでわしがな『こんな時代に誰が買いに来るもんかさ。あかなんだらわし買うたろ』って啖呵《たんか》切ってもうて」。その晩ぜんざい屋が訪れ、「あんたが言う通りやったわ。さあ買うとくれ」と。金を掻《か》き集め、食料品店を開業。

昭和二五年（一九五〇）四月の鮮魚類の統制廃止を待って、鰹節専門店に鞍替えした。品揃えは、鰹の本節・二つに割いた小振りの亀節、銀ムロ節・ムロ節・鯖節・メジカ節。板場の職人から家庭使いまで、削り節の配分は、山下さんの目利き一つ。

「所詮《しょせん》化学調味料では、真似出来やん」。

海の豊な恵みに囲まれて、この国独自の進化を遂げた鰹節。天然素材の旨味《うまみ》を完全に封じ込める、頑《かたく》なな古来の製法故に成し得る逸品。

八十路半ばの職人魂から、削り節に勝るとも劣らぬ、味わい深い人生の出汁の香が漂うようだ。

布団綿入れ職人

好みに合わせ打ち直し、"生"を吹き込む

（愛知県小坂井町）

親許《おやもと》離れ　初めての旅
修学旅行　胸躍る
古都の名刹　数あれど
枕ぶつけが　待ち遠しい

狸《たぬき》寝入りも　束の間だけで
枕一つで　大騒ぎ
教師の喝《かつ》で　静まれど
枕違いで　寝付かれぬ

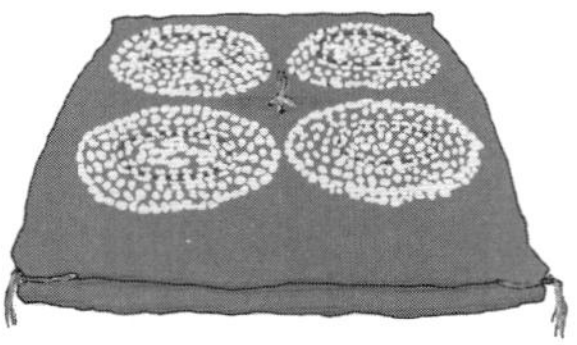

「昔の人らにとって、布団はひと財産。今でもおとましい（もったいない）って、戦前の布団を打ち直しに持って来るほど」。愛知県小坂井町の丸文中村ふとん店・三代目の綿入れ職人・中村重蔵さん（五七）は、打ち直し前の弾力を失った綿を取り上げた。

中村さんは、昭和四年（一九二九）に祖父が創業したこの家の長男として誕生。「店は弟に任せるつもりで、元々継ぐつもりはなかったから」。大学では農学部で育種を専攻し、奈良県の農業試験場で園芸用苺《いちご》の栽培に従事。しかし三年後に、弟が店から独立し、止むなく家業を継ぐ決心を固めた。

二年に及ぶ見習い修業を終え、静岡の布団屋を後に店へと戻った。それまで店の綿入れを一手に取り仕切っていた叔母が、高齢のため引退したからだ。

打ち直しの場合、綿生地を検《あらた》めて製綿機でほぐしながら、新しい綿を加える。次に布団生地の中に綿を重ね、耳を整えながら中心が舟形を描くよう丸く高く盛り付け、全体を仕上げ綿で覆う。「その後、口の開いた生地をくける（縫う）。袋状の中の綿をならして、移動しないように、生地と綿を一緒に縫い込んで閉じるんや。座布団は、手前から見ると真ん

中が『人』って言う字になるように閉じるしな」。最後の仕上げは、綿が逃げず偏《かたよ》らぬよう、四隅の耳に房を付ける。「木綿は重いが吸湿性に優れとるけど、お年寄りは軽い方がええで、ポリエステルの綿を芯《しん》にしたり。人それぞれの好みを聞いて打ち直さんと」。

綿と一口に言っても、原産地と用途によって異なる。敷布団には、繊維が太く短めの、インド・アッサム地方の手摘み綿。掛け布団には、繊維が細長く肌着《つ》きの良い、アメリカやメキシコ産が最適とか。

「いい綿は、五〇年経っても変色一つせん。昔の人は、布団を財産のように大切にしたんだろうな。綿は打ち直せば、四～五回生き返るんだから」。大地に根を張り、実を結ぶ綿は、摘み取られた後も、暮らしの中で息づく。

「今や不況産業だで、年々手作り布団の専門店も店仕舞いだわ」。人生の三分の一は布団の中。その土地の気候を熟知し、心地良い眠りを誘《いざな》う綿入れ職人。しかし大量生産の陰が、また一つ伝統の技を蝕《むしば》んで行く。

雛鑑別師

尻ばかり見続けて三〇年　一・五秒の神業

（岐阜県坂祝町）

雪洞《ぼんぼり》浮かぶ桃の宵
夜店賑《にぎわ》う浅い春
裸電球燈《とも》されて
ピヨピヨピヨと雛《ひな》の声

黄色い産毛《うぶげ》あどけない
小さな命の大合唱
「どれが卵を産むかしら」
娘の問いに苦笑い

「四〇年ほど前は、海外行って一年鑑別したら、家が建ったほどやて」。孵化場《ふかじょう》の入口で、靴底を消毒しながら、白衣の男は笑った。岐阜県坂祝町の雛《ひな》鑑別師・木村秀雄さん（五七）だ。

「外国行きたて鑑別師になったんやて」。地元の農林高校を出るとすぐ、可児市の孵化場に就職。鑑別

師を夢見、下働きを続け、二十一歳で孵化場を辞し、鑑別師養成所へ入所。明けても暮れても雄の雛鳥の首を、小指と薬指で挟み、親指と中指で保定し、肛門を睨《にら》み続けた。雄にしかない麻の実のような突起を観察するためだ。その甲斐《かい》あって五カ月後、普通鑑別師の資格を取得。ついに孵化場に鑑別師として入社し、夜毎仕事を終えてから高度な練習を積み、岐阜県下八人という高等鑑別師の資格を取得した。九割以上の正確さが求められる海外考査にも合格し、二十五歳で念願の海を渡った。

旧西ドイツを基点に、オランダ・ベルギー・フランスを股に掛け、三年間ヨーロッパ各地の鑑別に取り組んだ。一旦帰国し、再びスウェーデンへ。「ホテル暮らしの豪華な生活やったて」。大正末に東京帝国大学教授の、増井清獣医学博士等によって研究が始まった、初生雛鑑別技術は、昭和二年（一九二

七）カナダで開催された第三回万国家禽《かきん》会議で発表され世界中の注目を集めた。そして昭和七年には、鑑別の信頼性が一〇〇パーセントに達した。途中、戦争で一次中断したものの、世界中から鑑別師派遣が要請され、戦後は外貨獲得の花形産業の一翼を担った。

木村さんは二十九歳で妻を迎え、翌年、妻と誕生間もない長女を伴い再びスウェーデンへ。「家族三人、海外旅行気分やて」。しかし昭和五〇年代も後半になると、鑑別技術が各国に普及し、海外からの要請も次第に減少した。現在は、岐阜県に腰を据え、二カ所の孵化場を受け持つ。

「生後四～五時間の雛が一番見分けやすい。でも一日に八千羽もやっとると、途中でフッと気が抜けるもんやて」。確立は九九・五パーセントとか。一年に二百万羽、三〇年以上雛鳥の尻ばかりを見続けたベテラン鑑別師が照れくさげに笑った。

世界を震撼《しんかん》させる鳥インフルエンザウイルス。誰よりも騒動の沈静化を祈る鑑別師の指先は、一羽二・五秒の神業的な正確さで雌雄を選り分けた。

駅弁屋

「日本一高価な味」 実演販売で日本中に（三重県松阪市）

売り子の声に伊勢訛《なまり》
身を乗り出して品定め
松阪一の駅弁は
天に名高い牛《ぎゅう》弁当

売り子の台詞《せりふ》につい釣られ
折りを解《ほど》けば香り立つ
肉に絡んだ醤油垂れ
酒も限《き》り無し汽車の旅

「そりゃあ、あんた。家《うち》の元祖特選牛肉弁当は、発売当時の昭和三四年（一九五九）に、幕の内の三倍、百五十円もしよったんやで、まったく売れやんだ」。三重県松阪市の駅弁屋・新竹《あらたけ》商店の三代目・新竹日出男さん（七〇）は、記憶を辿《たど》るように目を閉じた。もともと松阪駅前で食堂を営んでいた初代が、明治二八年（一八九五）に旧国鉄参宮線の開通に合わせて駅構内に売店を開設。当時の駅弁は、竹皮におにぎり二つと沢庵漬二切れの慎ましやかなものだった。

日出男さんは、同県神戸で海苔《のり》の養殖と貸し舟業を営む、貧しい漁村で育ち、二十歳の時に地元の会社に入社。四年後、親類から婿入り話が持ち込まれた。「写真を貰《もら》ったんやさ。またそれが豪《えら》い別嬪《べっぴん》やってな」。トントン拍子で縁談は進み、昭和三三年（一九五八）に二代目の長女・育子さん（六七）と祝言を挙げた。

毎朝誰よりも早く寝床を抜け出して、竈《かまど》に火を熾《おこ》し四升（約七・二リットル）釜の飯炊きに専念。「何でも自分が先頭たってせんと、人は付いてこやん」。翌年、二代目夫婦が「本物の松阪牛を使こて、旅情掻《か》き立てる日本一高い弁当作ったろ」と、冷め

ても味の落ちないミニ・ステーキを考案し、独特のタレを絡めて牛肉弁当を発売した。今の価格に換算すれば、三千円以上の代物。苦戦を強いられた。ところが翌年、大阪の有名百貨店から、駅弁大会で実演販売をしないかと持ち掛けられた。「『ようけ持てっても売れやせんで』と先代が言《ゆ》うてな。百五十食分だけ用意してったら、開店二時間で売り切れやさ。おしっこ行く暇もないんやで。食道楽とは聞いとったけど、そんなんなるとは夢にも思わんさ」。連日千五百食を超える大盛況。大阪での成功は、松阪牛肉弁当の名を、瞬《またた》く間に日本中に広めた。

「父は本当に働き者です。婿養子って事もあってか、実の両親が亡くなった時も、お線香を上げに戻っただけ。だから家族揃って泊まりの旅行に出かけた記憶なんてないし」。傍《かたわ》らで、長女の浩子さん(四三)が感慨深げにつぶやいた。

今でも日に二〜三千食製造する弁当は、一から十まで全て昔のままの製法にこだわり続ける。忙しさとは無縁だった、昭和半ばの緩やかな時間が、肉汁とともに口の中に広がった。

金物屋

移民も夢見た品々 "昭和"の息遣い聞こえる（愛知県田原町）

日曜の朝目覚めると
ランニングシャツ一枚で
父は鋸《の》こ引き鉋掛《かんなが》け
咥《くわ》え煙草も様になる

捨て犬見つけ連れ帰り
昨日は父にどやされた
家じゃ飼えんと言ったのに
犬小屋作りに精を出す

「家《うち》は売れんもんしか、置いてないだ」。愛知県田原市の金物屋ナゴヤミセ東店・二代目・山崎昪《のぼる》さん（五四）は、農耕牛用の蔓《かずら》で出来た鼻環を差し出した。山崎さんは高校を出るとすぐ、地方都市の小さな百貨店・タマコシに勤務。「毎日、女のパンツばっか売っとったて」。しかし身体を壊し、一年で帰郷。家業の傍ら、左官材料の販売から風呂桶の設置、配管工事までを手掛けた。「わしが配管やったら絶対漏るで、職人雇ってな」。

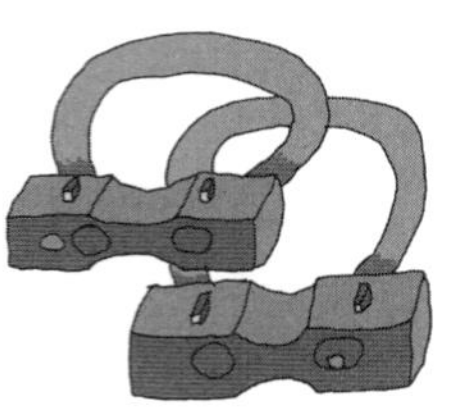

とは言え、二十三歳の多感な青年の心は、ブラジル移民の夢に取り憑《つ》かれていった。「本気で店閉めて船に乗るつもりで、勘当寸前だったて。でも『いくら貧乏してもいいから行かんといてくれ』って、母親に泣きつかれただぁ」。敢《あえ》なくブラジル移民の夢は潰《つい》えた。

二年後、見合い話が持ち上がった。「いっぺん行き逢って見よう」と、ドライブに。「初めてのデートが、女物のパンツ売ってたというタマコシだったんだもん。色気ないでしょう」。帳簿付けの手を止め、妻・まり子さん（五〇）が笑った。三回目のデートが結納。知り合って四カ月目の四回目のデートが結婚式だった。

「わしが二十二歳の頃だったかな。家で仕入れと

る左官屋が、暮れに夜逃げするらしいと仲間の左官屋に聞かされて、親父に相談したんだて。そしたら親父が『ええから、餞別《せんべつ》持たしたれ』って。それじゃあ、泥棒に追い銭じゃないかって言うと『騙《だま》すより騙される方がましだ』と。親父が頑固だもんで、左官屋に『あんた、どっか行かれるそうだで』って言って、餞別渡したったことがあった」。さすがにそこまでされると、夜逃げの足も鈍る。左官屋は後々までかかって、少しずつ返済を続けたそうだ。

「これ何かあんたらわかるか?」。そう言うと、直径二センチメートル程、長さ一・五メートル程、ガラス管の先がラッパのように開き、反対側が球体になっているガラス蠅捕り棒を取り出した。球体部に水を入れ、ラッパの口で天井の蠅を覆うと、蠅が球体に吸い込まれる仕掛けとか。「ないもの以外は、何でもほとんどある。でも何万点の商品があるのかは、誰も知らんでかんわ」。

所狭しと渦高《うずたか》く積まれた埃塗《ほこりまみ》れの商品の中から、昭和を生きた人々の、暮らし振りや息遣《づか》いが聞こえるようだ。

渡しの船頭

”いのちの源《みなもと》“ 川を見まもり半世紀（岐阜県岐阜市）

長良のほとり　桜の並木
花嫁乗せて　船出す船頭
流れを交し　櫓《ろ》を切りながら
世の荒波へ　漕《こ》ぎ出す門出

川面に揺れる　金華の山と
白い小さな　花嫁の顔
水面の鏡　小指の先で
そっと紅注す　小紅《おべに》の渡し

片道二分の船旅。それが小紅《おべに》の渡しだ。春まだ浅い長良川の川面を、対岸の鏡島弘法（乙津寺）裏の、土手を目指し滑り出す。「弘法さんの四月のご開帳ん時は、朝から晩まで櫓《ろ》を漕《こ》いで、五百人ぐらい渡しとるんやて」。岐阜市一日市場の小紅の渡し・船頭の棚瀬正己さん（七〇）は、船頭小屋の窓から対岸の船着場を眺めた。

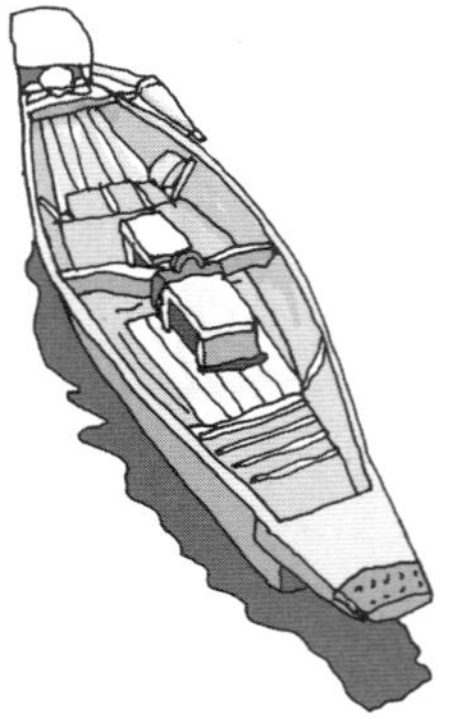

棚瀬さん一家は終戦の前年、旧本巣郡本田村から一日市場に移り住んだ。中学を卒業しても、終戦の混乱で満足な仕事もなく、土木作業や農作業に従事。十七歳から小紅の船頭を務めた。

「今は、誰も乗りゃあへんけど、ここは川の中の生活道路やったんやで。糞尿入りの桶積んだリヤカーや自転車乗せたり、鏡島に野菜持ってって物々交換する人らをよう渡したもんやて」。

小紅の渡しは、歴《れっき》とした県道。文殊茶屋新田線だ。

昭和三一年（一九五六）、繊維関係の会社に就職。五年後、高知県出身の静子さん（六五）と結ばれ、定年まで勤め上げた。「従兄弟《いとこ》がここの船頭やっとったで、毎月弘法さんの命日だけ、わしも手伝っとったんやて」。従兄弟の引退で、棚瀬さんが船頭を引き継いだ。「川が好きなできんよ。川の流れと風向きを読んで、櫓を繰りだすんやで。例え片道二分の渡しでも、年間七～八千人の命を預かるんやで」。日に焼けた赤ら顔を綻《ほころ》ばせ、窓から対岸を覗《のぞ》き見た。「向こう岸から手を振るもんがおると、迎えに行ったらなんでな」。

小紅の由来は、昔の女船頭の名とか、紅花を栽培していたとか、嫁入りの渡しで、花嫁が水面に顔を映して紅を注《さ》し直したとか諸説ある。「わしはやっぱり、花嫁が紅注し直した説を、一番気にいっとるんやけどな」。

定員九名の渡し舟の座席に腰を下ろし、周りの景色を見渡せば、土手の高さに高層ビルも遮られ、浮世離れした昔日と出逢う。

「でもまあかんて。昔と比べると水量も減っちまって、水位も下がりっぱなしやで」。長良川の流れを誰よりも愛し、半世紀に渡り小紅の風景を見守り続けた、老船頭の言葉が川面に舞った。「長良川は、わしの人生そのもの。命の源やで」。

船を舫《もや》う手を止め〝いのけるうちは、まあちょっとやろかな〟と、まるで長良川に聞かせるように、そうつぶやいて穏やかに笑った。

仏師

全身に宿る表情　夢を追い我流で彫りつづけ（三重県紀和町）

仏の顔も　三度きり
閉め出し喰《く》らった　悪戯坊主《いたずらぼうず》
夕餉《ゆうげ》の魚　煙《ひ》に惹かれ
ぐうとお腹《なか》も　鳴き出した

何と侘《わ》びれば　良いものか
勝手口から　覗《のぞ》いてみれば
仏頂面で　腕組みの母
何時《いつ》にも増して　手強《ごわ》そう

「人さんが、思わず手を合わせとうなる、そんな有難い仏さんを彫りたい」。鳥の歌声が響く、深い森の中腹。三重県紀和町の通り屋周燕木彫《しゅうえんもくちょう》工房・仏師の藤岡貫二さん（五一）は、静かな口調で語り始めた。兵庫県和田山町で生まれ、高校を出ると大阪の製紙会社に就職。その後、様々な仕事を流転した。

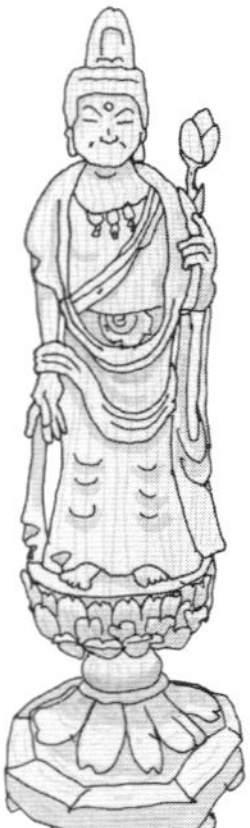

「これも違う。このままじゃあ駄目んなる。どうせ駄目なら、なんやわからんけど『夢』にぶつかってみたい」。若干二十二歳。京都で新聞配達を続けながら、「夢」の在りかを探した。そんな折、一冊の本の中に「夢」の扉が。富山県井波町の欄間《らんま》木彫だった。すぐさま井波町へ。宿屋の親父の紹介で、住み込み先を見つけた。

最初の三カ月は、明けても暮れても師や兄弟子の道具研ぎ。獅子頭《ししがしら》を真似て彫る単調な三年を過ごした。漠然としたまま「夢」の扉に潜り込んだものの、どこか違和感を感じ、今度は京都市左京区の仏師の門を叩いた。師と五人の兄弟子達の下で、仏像を乗せる台座と光背《こうはい》ばかりを彫る毎日。それでもおぼろげな「夢」の到達点が、仏師に定まろうとしていた。

二十六歳の時に店を辞し、兵庫の故郷に戻り独学の我流で仏像彫刻を続けた。三年後、和歌山県新宮市出身の恵美さん（五〇）と結ばれ、翌年彫り仲間の誘いで、岐阜県高山市に移住。「元々引っ越し魔かも知れんな。不安定な状態を好むんやろな」。それから六年後、妻の在所に近い紀和町へ。

仏像彫刻の手順は、角材に仏様の輪郭を描き、大きく角を落とす。仏像全体の調和を考えながら、順に彫り進める。中でも最後の顔の部分は、最も緊張感が高まる一瞬だ。「顔を先に彫ると、気が抜ける」。仏様の大きさにより、制作期間はまちまちだが、小さなものでも優に二カ月を要する。

「眼がどうしても少し、吊り上がり気味になるんや。手と指は、一番苦手やしな」。指先の反り具合一つとっても、手そのものに、物言わぬ表情が宿るとか。

「彫り上げてみると仏さんのお顔がなんや親しげで。よう考えてみると、どっかしら知らん間に自分に似とるんや」。仏師は仕上がったばかりの仏像を満足気に眺め、仏足の枘《ほぞ》に銘を刻む。

飴細工職人

家族で守る逸品「甘いもんで子どもに勇気を」（名古屋市西区）

田舎《いなか》歌舞伎の触れ太鼓
幼子連れて楽屋を見舞う
お父さんよと教えても
足がすくんで泣き出す娘

時代がかった髷頭《まげあたま》
白い襦袢《じゅばん》に隈取顔《くまどりがお》じゃ
誰が見たって大悪党
こんな父親知らぬと叫ぶ

「ちょっと寸は足らなんだが、洒落《しゃれ》もんやったよ」。名古屋市西区の歌舞伎飴本舗・初代の神谷佐恵子さん（七八）は、夫春吉の遺影を見つめた。

愛知県知多市出身の春吉は、大須門前町の飴屋で奉公。昭和二三年（一九四八）に同郷の佐恵子さんを妻に迎え、独立して店を構えた。

「畳も入っとらんし、満足な屋根もない。そんでも作る端から、行商さんが裏から持って行きよった」。戦後の混乱が続く統制時代、人々は甘いものに生きる希望を託した。

翌年には長男の二代目・近藤博司さん（五五）が誕生。「今と違って、夜は他にやることあれへんし、すぐにこの子ができちゃった」。隣で博司さんが釘を刺した。「いらんこと口出す」。しかしそれも糠《ぬか》に釘。「そんでもあんたが産まれた言うたら、知多市の実家まで満面に笑み浮かべて飛んできたって。あんな嬉しそうな顔、見たことないわ」。

二年後、春吉の独創的な歌舞伎飴が、世に送り出された。人気の高い助六、暫《しばらく》等の隈取《くまどり》を、金太郎飴の要領で見事な細工を施した逸品。砂糖と水飴を火にかけ、冷ましながら食紅で着色し、隈取に必要な部品に別ける。それを海苔巻《のりまき》の要領で、切り口が隈取を表すように組み立て、直径一・五センチメートル程の細さに引き伸ばし、一センチメートルの幅に切り落す。全てが手作業。各地の歌舞伎小屋で飛ぶような売れ行きとなった。

博司さんは慶応大学へ進学。しかし家業の都合で中退を余儀なくされ、東京の菓子問屋に就職。「名古屋へ戻って来ても、家《うち》つん抜けて嫁の家へ上がり込んどったらしい」。博司さんが咳《せき》払いを一つ。六年間の交際を続け、妻・久恵さん（五二）との愛を育んだ。しかし久恵さんは近藤家の跡取り娘。婿入りを決意したが、頑固一徹な父を前に心が揺らいだ。「この人、そんで胃に穴が空いたんだて」。母が大声で笑った。弟で工場長の和雄さん（五二）に打ち明け、打開策を思案。結局、婿《むこ》入りしても家業は継ぐという条件付で頑固親父を説き伏せた。

「今や海外の安い大量生産品に押されて」。博司さんは、先代が歌舞伎飴に添えたという、隈取の意匠を表した栞《しおり》を眺めた。

「敗戦後の子供たちを、甘いもんが勇気付けたように、いつかイラクへ行けたら、子供らに飴を食べさせてやりたい」。佐恵子さんが、風のようにつぶやいた。

紙芝居師

返り咲く昭和の娯楽「皆貧しくたくましかった」（岐阜県明智町）

童の声に導かれ
自転車劇場坂登る
村の鎮守の境内は
五円握った子らが待つ
太鼓と銅鑼《どら》の幕開けは
子供心を釘付けに
正義が悪を倒す度
手に汗握る腕白《わんぱく》も

半ズボンにランニングシャツ。毬栗《いがぐり》頭に草履《ぞうり》履き。真っ黒に日焼けした少年が、触れ太鼓を打ち鳴らしながらお宮へと向かう。辻々から子供らが湧き出で、五円玉を握り締めたまま、紙芝居屋のおっちゃんの自転車の後を追う。「こらあ、ただ見したらあかん」。前口上の途中、必ずおっちゃんは大声を張り上げた。四〇年近く前の記憶が、一人の柔和な老人の顔を通して、鮮明に思い出された。老人の名は、岐阜県明知町の紙芝居師・伊藤恒一さん（八二）。またの名を「豆腐のつねさ」。

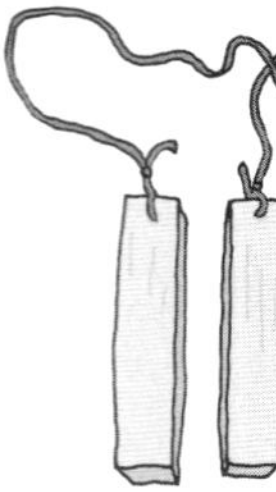

尋常高等小学校を上がると、鉄工所へ小僧に出た。二十歳を境に、戦闘機の製造に従事し終戦に。戦後は職もなく、地元の木工に携わり、昭和二五年（一九五〇）に結婚。その後二年ほど、魚の行商で家族を支えた。

「少年時代に農村歌舞伎やっとったのが縁で、村の先輩紙芝居師に誘われたんや」。無声映画の活弁士に学び、紙芝居の配給元であった松竹や日活からネタを仕入れ、毎日山道を二〇キロメートル近くも自転車を漕《こ》いでは、瑞浪市や土岐市駄地町まで営業に回った。

「日曜日やと一日で千円ほど稼げよった。平日やと、学校終えてからやで、三百～五百円ほどや」。

当時は、大工の手間賃が一日三百五十円。配給元に一カ月千五百円支払っても、優に稼げた時代だった。大きな練り飴が一本五円、小さいのが三円。人気の出し物は、「黄金バット」「怪人二十面相」「鞍馬天狗」。いずれも続き物のため、子供らは連日目が離せない。

「毎日五円持ってくるのは、裕福な家の子だけやて。後はみんなただ見やわ」。恒一さんは家庭の事情も汲《く》み取り、一応は大声でただ見を牽制《けんせい》するものの、後は見て見ぬ振りを決め込んだ。「みんな風呂敷首に巻いて、棒切れの刀振り回して」。子供らの喜ぶ顔が何よりだった。

しかし漫画雑誌の発刊や映画の普及により、見る見るうちに紙芝居屋は街角から姿を消し、見よう見真似で「豆腐のつねさ」を開業した。それから四半世紀。大正村の発足に伴い、昭和の終わりを目前に、紙芝居師として六七歳で再び返り咲いた。

「誰もが貧しかった。でも皆逞《たくま》しく生きとった。ただ、明日を信じてな」。穏かに老紙芝居師が笑った。まるで昭和の残像を、額の皺《しわ》に刻み込むように。

時計職人

機械仕掛けにこだわり 壊れない製品を追求（三重県津市）

肩にまわしたぼくの腕時計
何度見つめても時は止まらない
だけど君を抱いたあの夜から
ぼくの人生を刻む時は
君の前に立ち尽くした
二人で一つの時を刻みたい
心の速度がずれないように

「『これは、曽《ひい》お爺ちゃんが戦争中に付けた傷。それはお父さんが、まだ学生の頃のもの』本当に良い時計って奴は、そうやって家族の年輪と想いを刻み込むもの」。三重県津市の林時計舗・四代目の林俊一さん（五六）は、明治の創業当時が描かれた錦絵を広げた。

伊勢商人発祥の地とされる分部《わけべ》町。林時計舗は、明治二三年（一八九〇）に開業。俊一さんは、この店の三代目の弟、教師の父の元に生まれ、中学卒業と同時に、子どもに恵まれなかった三代目の養子に迎えられた。

高校卒業の日から、祖父の丁稚《でっち》仲間であった愛知県津島市の時計店へ修理技術の修業へ。一年で帰郷すると今度は、東南アジア七カ国を船で巡る船旅へと向かった。一カ月の給料が一万円の時代、五十五日間の船旅の食費に五万五千円の大金を費やした。「本当はスイスに行きたかったんさ」。

俊一さんの心に、四代目としての自覚が芽生えようとしていた。来る日も来る日も、機械仕掛けの時計を、三十分でばらしては、三十分で組み立てる練習の繰り返し。「あの頃の時計は、給料の二〜三倍。親子三世代が使えんと価値もない」。

小さな水晶が振動し、一定の力を歯車に伝えて秒針を運ぶ。「機械仕掛けは、時計職人が産んだ芸術みたいなもんさ」。

しかし様々な技術革新は、時計産業にも変化をもたらした。小さな電池一つで動き続けるクォーツの到来で、先代時代からの時計職人が姿を消した。

「ある日、記念のクォーツ時計が壊れたと言って、

修理に持ってこられたけど、家《うち》では出来やんでメーカーへ送ったんさ。そん時に『これではいかん』そう思てな」。俊一さんは、クォーツからデジタルへと日々進化を遂げる近代路線への訣別を覚悟した。
「精密な時計は、みんな戦争用に作られたもんやでな。すぐに壊れたら、人間や国の命に関わる」。アナログな機械仕掛けにこだわり、精密度を高める時の番人は、三十歳の冬に恋に落ちた。「初めて飲みに行った場所でプロポーズして、一週間断られ続け、ついに八日目にＯＫが出た」。妻・恵理子さん（四七）と、運命の時を刻み始めた。「時計は生き物。頭と同じで、いつも回転させてやらんとな」。
目を閉じて耳を澄ます。店内のあちこちから、小さな小さな振り子の音が聞こえる。一人に一つの人生という、確かな時を刻む音が。

染抜師

ごまかしの美学　汚れも時代に連れて変化（名古屋市昭和区）

心の渇きで眠れぬ夜は
寝酒に君の面影浮かぶ
星の雫《しずく》が頬《ほほ》をつたえば
叶《かな》わぬ想は闇を渡る

心に染みた涙の痕《あと》は
誰にも消せるわけじゃない
微かに明日を燈《とも》す君の
小さな約束あればいい

「顔の染みと、心の染みだけは、よう取らんでな」。そうつぶやくと、霧吹きを口に咥《くわ》えて、着物の裾《すそ》に噴き掛けた。名古屋市昭和区の染み抜き師・二代目の青木昇さん（五七）。六畳間の作業場には、四つの座卓が置かれ、それぞれに天井から蛍光灯が長く吊り下がる。昇さんは男四人兄弟の二男。長男と三男が紋付師《もんつけし》で、昇さんと四男が染み抜き師として、狭い作業場で黙々と技を揮《ふる》う。

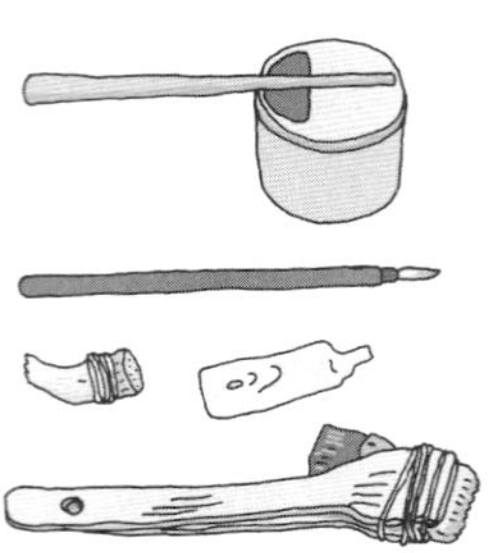

「紋付と染み抜きは、合わせ鏡みたいな関係だて。紋付けをうっかり間違ってみい、偉いこっちゃ。まあいっぺん元に戻さなかん。そんだで染み抜きの技術も磨かれたんだて」。昇さんは高校を出ると、先代が修業した老舗に住み込み修業に励んだ。当時初任給の相場は、一万三千円。しかし修業の身、食住付三千円の奉公だった。五年の修業を終え、幼馴染の美代子さん（五七）を妻に迎え、二人の娘の父親に。「大阪万博の頃は、まだ着物を着る人も多くて、紋付も染み抜きも忙しい時代だったて」。

しかしその後は、着物から洋服全盛の時代へと。「襟袖口《えりそでぐち》は食べこぼし。後ろは月のもの。特に女の人は『胸《だき》』って言って、乳房に汗染みが出来る。肉眼で染みが見えんでも、霧を吹き掛けると汚れに反

応して染みが泣く（滲《にじ》む）んだて。でもボールペンのインクみたいに油性のもんは泣かん。染みも時代とともに変わったで、この頃は化学薬品の染みが多くて手間も掛かる。探偵の謎解きのように、あれやこれやと知恵絞って、染みを取ってくんだて」。

水にアンモニアを一～二滴落とし霧を吹き付け、棕櫚《しゅろ》のポンポン刷毛《ばけ》で染みを叩き出し、晒《さら》しを当て汚れを移し取り、熱した鏝《こて》の上で乾かす。柄の上の染みを抜くと、柄そのものも色が落ちる。落としてしまった柄には、マッチ棒の先を削り、染料を付けて染め直す。

「お客に『手間賃三千円です』って言ったら、『何でや、一分もかかっとらんがや』って訝《いぶか》るもんだで、『いいえ、三九年と一分かかってます』って言うたるんだわ」。その言葉は、道具が物語る。修業当時一二センチメートルあったポンポン刷毛は、わずか三センチメートル。一五センチメートルあった象牙のヘラも四センチメートル。

「染みは怒らせたら終《しま》いや」。小さな染みの感情さえ読み取る。誤魔化《ごまか》しの美学こそが、一端《いっぱし》の染み抜き師の証なのだ。

料亭花板

試行錯誤で看板料理　味の追求に挑戦

（岐阜県羽島市）

三味に浮かれる無粋《ぶすい》な客の
酒の戯《たわむ》れ心を抉《えぐ》る
どうせ叶《かな》わぬ板場の恋よ
粋な花街戻り川

源氏名じゃなく名前で呼んで
腕の枕でそうつぶやいた
叶わぬ想い身を焼きながら
逆さに流る戻り川

「裏を流れる川は、逆川《ぎゃくがわ》と言って、この辺りは堤《つつみ》に咲いた花街だったんやて」。確かに川面は、下《しも》から上《かみ》へと向かって流れる。誰が名付けた『戻り川』。岐阜県羽島市の料亭西松亭・三代目女将の西村智恵子さん（五六）は、懐かしそうにつぶやいた。女将は三人姉妹の長女に生まれ、昭和四五年（一九七〇）に東京で花板《はないた》を張った夫を婿養子に迎えた。

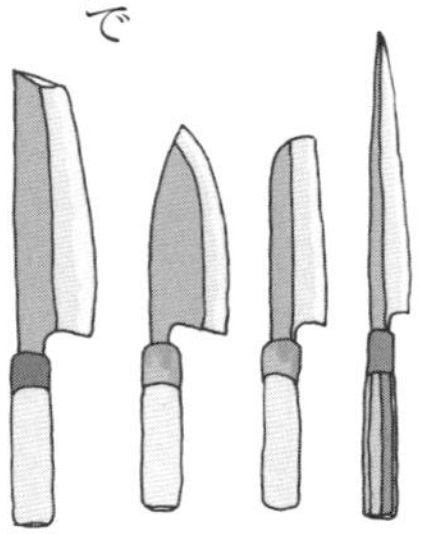

「昔は旭町と呼ばれ、二軒のダンスホールと十軒以上の料亭が軒を連ね、芸者置屋からは三味の音が川面をさかのぼる風と戯《たわむ》れた。「朝八時くらいに旦那衆が上がりこんで、芸者を上げてはドンチャカドンチャカ。疲れ果てて一寝入りして酔いが覚めれば『空いとる芸者、全部総上げや』て。一万円札が初めて発行された時なんて、『これが一万円札や。お前らにも見せたろ』って、芸者衆や仲居にまでご祝儀ばらまいて」。

昭和二年（一九二七）開業の西松亭は、三〇年ほど前から二代目と三代目が試行錯誤を繰り返し、スッポン料理に挑んだ。「『ドチ（スッポンの方言）あるか』ってお客様が、最初の頃は一年に一組あるかないかやった」。それが今では看板料理の一つに。

四代目の花板を継ぐ永根《ひさね》さん（二九）は、高校を

出ると京都祇園の高級料亭・円山菊乃井に住み込み五年に及び修業。「円山公園が枝垂桜《しだれざくら》で一番賑《にぎ》わう時に見習いに入り、毎朝四時から翌深夜三時までぶっ通しで洗物ばかり」。同期入店の十人の板場見習は、あまりの厳しさに耐え切れず、次から次へと店を去った。しかし高校在学中に調理師免許を取得した程の永根さんは、五年の苦行に耐え煮方の脇鍋に。当時一カ月の給料六万円は、勉強の一つとして食べ歩く費用に費やされた。

現在、永根さんが腕を揮《ふる》うスッポン料理は、赤ワイン割りの生血に始まり、絶品のゼラチンと呼ばれる甲羅の縁側の水煮、肝・胸肉・脾《ひ》臓・心臓のお造り、皮の唐揚げ、骨で出汁を取った鍋、締めは雑炊。

「六〇年ぶりの男の子やと、お爺ちゃんに可愛がられて。だから店を継ぐのもあたり前。『店はお前が守るんやない。お客さんが守ってくださるんや』って、お風呂で毎晩聞かされましたから」。白衣も板に付く若き花板は、歴史におもねることもなく、客が守りたくなる程の味の追求に挑み続ける。

炭焼き煎餅職人

商人である前に職人　炭火の手焼きにこだわり（三重県桑名市）

縁側ぽつり背中を丸め
母は飽きずに庭を眺めた
風に舞う蝶を眼で追い
梢《こずえ》の鳥と語り明かした
母の面影佇《たたず》む縁で
供物の煎餅封を開いて
パリポリと音を立てれば
心をよぎる母の追憶

「よう人から『趣味で商売しとるんやないわ』って怒られますけどな、やっぱり作り手が美味しいと思えやんもん、店に並べとったらあかんわさ」。三重県桑名市のたがねや・五代目の伊藤巧《たくみ》さん（五〇）は、たがねの包みを開いた。たがねとは、この地に伝わる素朴な味わいの煎餅《せんべい》。もち米とうるち米を混ぜて搗《つ》いた切り餅に、時雨《しぐれ》の溜《たま》り醤油を付けて振舞ったものが、やがて煎餅になったとか。

たがねやは、初代濱吉が明治五年（一八七二）に開業。一枚一枚炭火で炙《あぶ》り丹精込めて焼き上げる手法は、一三〇年を経た今も何一つ変わってはいない。「たがね」の由来は、稲を一握り分、供物とした時の「束ねる」が訛《なま》って「たがね」となったなど諸説ある。

家業を継ぐのが当り前の家に育った伊藤さんは、大学を出るとすぐに茶道を始め、接客法を学ぶため、名古屋の和菓子店に勤めた。二十四歳の年に一旦店に戻り、一年後にはアメリカ放浪の旅へ。「当時『一生、煎餅屋でいいのか』と、矛盾を引きずっていて。ヒッピー同然に一年程アメリカ中を彷徨《さまよ》い、父が病で死にかけたんで戻りましたんさ」。二七歳の年、大学時代の後輩であった、裕子さん（四八）

と再会。「この人、割れちゃあ困る煎餅と同じで、生き方に強さがあったから」。堅焼き煎餅を物ともせぬ心の強さに惹《ひ》れ、千葉から桑名へと嫁いだ。

たがね作りは、最高品質のもち米と、地元産のうるち米を秘伝の配分で混ぜ合わせ、たがねの生地を作る。次に生地を蒲鉾《かまぼこ》状に長く伸ばし、薄く切り揃え特注の樫《かし》の炭火で炙る。「備長炭では、上手く焼けやん。芳《こう》ばしさに違いが出る」。全体にキツネ色の焦げ目が付けば、初代から続く特注の溜り醤油に付けて炭火で再び乾かす。

「ぼくが一番美味《おい》しいと思える、そんな焼け方がなかなか出せやんのさ。どうしても焦げに斑《むら》があったりして、ようけ失敗も出ますんさ」。各産業が高度成長に突き進む中、機械化の話も持ち上がった。しかし先代たちは機械化の手招きには応ぜず、代々伝えられる炭火の手焼きだけにこだわり続けた。

「客に阿《おもね》ってはあかん。自分が一番美味しいと思えることこそが、何よりの肝心」。商人である前に、職人であろうとする誇りが、老舗の暖簾《のれん》を今日も守り抜く。

家造り請負人

家族愛するがゆえ…人様の幸せのため三五年

（愛知県岡崎市）

家路を競う子供らの声
家並に漂う夕餉《ゆうげ》の薫り
お寺の鐘を待ち侘《わ》びるように
夕陽が茜《あかね》に町を染め行く
軒先越しに母の呼ぶ声
腕白どもも縮み上がる
茶碗の触れ合う音がして
家君《いえぎみ》戻り夜が静かに耽《ふけ》てゆく

「そりゃあねえ、家造りに夢がなきゃあ続かんよ」。男はちょび髭《ひげ》を、指先で撫《な》で付けた。愛知県岡崎市の家造り請負人・フジケンの牧甫《はじめ》さん（六一）だ。

大学卒業後に岡崎市役所に勤務。「学生時代から、商売をしたかっただあ」。友人を介して知り合った弘子さん（六一）と、昭和四三年（一九六八）十月に、小さな所帯を構えた。

「プロポーズは？」と問うと「そんなこと言ったか？」と、傍らの妻を照れ臭そうに眺めた。弘子さんは「ええ〜っ」と、夫に瞳で問う。三六年連れ添った者だけに許される、阿吽《あうん》の間合いだ。翌年六月には役所を辞して開業準備に取り掛かった。

時代は大阪万博を翌年に控え、高度経済成長真っ只中。大手住宅メーカーは、新婚旅行中の一週間で家が建つを売り言葉に、百万円住宅で勢力を拡大した。「これからは、こういう時代だ」。昭和四五年（一九七〇）一月、個人創業を開始。長男をお腹《なか》に宿した弘子さんは、世の荒波に船出する若き夫の晴れ姿を見守った。それから半年。「大工を手伝って屋根の上で瓦葺《ふ》いとっただ。ちょうどそこに、四日市の実家から義父がこれと久《ひさし》（長男）を乗せて、車で通りかかるだもんで『オーイ、オーイ』って大声で何度も叫んだもんだて。そんなもん、聞こえせんけどな」。
順風満帆の航海に、オイルショックの重い影が伸び、台風による被害が住宅業界に追い討ちをかけた。「どこへ資材隠した！」。資材の相次ぐ高騰。受注時の金額では到底賄《まかな》いきれない。「お客さんに遅れを侘《わ》び、なけなしの貯金も全部注《つ》ぎ込んだ。おまけに女房の在所から五十万の借金して、どうにかこうにか遣《や》り過ごした」。

それからわずか一～二年後、台風一過のような住宅ブームが巻き起こった。「神風だった。こんなに売れていいのかってほど」。三人の息子と妻に捧《ささ》ぐ時間を削り、他人の家造りに没頭した。あれから三五年。今も各地の現場をせっせと巡る。「いい家を造れば、ちゃんとお客さんに迎え入れていただけるだで」。「遂《な》せば実《な》る」を信条に、ひた向きに家造りに捧げた人生。

家族に対する優しさよりも、人様の幸せに繋《つな》がる家造りが最優先だった。それは誰よりも家族を愛するが故に走り続ける、合わせ鏡そのものの人生だったと気付く間もなく。

＊家君／一家の主・主人

玉突き屋

青春弾けた半世紀　玉撞《つ》く音に時代をしのぶ（岐阜県大垣市）

玉突きの音が子守唄
母の背中で聞いていた
何処《どこ》に居るより安らいだ
母のうなじの甘い匂い

小さくなった母の背は
ぼくを大人に育てた証し
何故《なぜ》追い着けないのかな
若き日のあの母の元へ

昭和の残像を封じ込めたような建物。ビリヤードと印された看板にも、隔《へだ》てた時の長さが滲《にじ》む。「『玉突きなんて大嫌いや！』って、息子はそう言って必ず足元に纏《まと》わりついて来たんやて」。岐阜県大垣市のビリヤード場・エグロ会館の二代目・江黒千鶴子さん（六七）は、孫を連れて散策から戻った大きな息子を指差した。

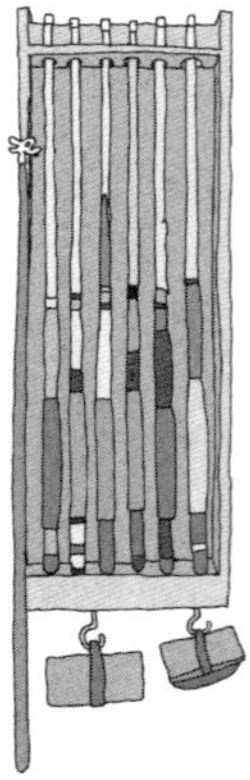

初代夫婦は戦前、料亭を営んでいたが、立ち退きで現在地へ。子供に恵まれず、遠縁の時正さん（七二）を養子に迎え入れた。千鶴子さんは、昭和三七年（一九六二）に、美濃加茂市からこの家に嫁いだ。

四ツ玉全盛の時代。会館には朝八時から客が訪れ、深夜三時頃まで賑《にぎ》わった。「娯楽の少ない時代やったで、昼休みでも突きに来よった」と、時正さん。夫婦は一男一女を授かった。

「あの頃が一番忙しい時代やった。ゲーム取りさんって呼ぶ女性が三〜四人いて、ゲームの点数を数えるんやて。忙しい日は、私も赤ん坊を背中に負《お》んで、ゲーム取りしたもんやて」。玉突きの音が赤子の子守唄代わり。奥の静かな部屋で寝かせば、烈火の如く泣き出した。しかし物心が付き始めると、仕

事に追われる両親に対し、満たされぬ想いが募り、冒頭の不満となって現れた。夫婦には、そうしなければならぬ拠所《よんどころ》ない事情があった。「戦後間もなく義母が亡くなり、そのどさくさに土地建物の権利を詐取《さしゅ》されそうになったんやて。その皺寄《しわよ》せに百五十万円の大金で、自分の家を買い取るはめやて」。苦しそうに時正さんは笑った。

「お父さんは、ここに苦労しに来たみたいやて」。寝癖の付いた時正さんの白髪を、手櫛《ぐし》で撫《な》で付けながら、傍らの千鶴子さんがつぶやいた。「玉突きが好きやったし、他に能力もないし。もう辞めよう、もう辞めようで、気が付いたらあっと言う間に半世紀やて」。

当時仕事を終えると、自転車を横付けにして、寝る間も惜しんで技を磨いた昔日《せきじつ》の撞球士《どうきゅうし》たちは、一人また一人と昭和の記憶の中へと消え去った。厚さ四センチメートルの大理石の台に米製の羅紗《らしゃ》貼り、台の下部には古き良き時代を偲ばせる象嵌《ぞうがん》が施されている。四ツ玉、スリークッション、ポケット。この台とともに、コーンという小気味良い音を残し、幾つもの青春が弾《はじ》けていったことだろう。

手延
素麺職人

手延そうめん半世紀　夏の涼味を守り続けて

（三重県四日市市）

麦藁帽子《むぎわらぼうし》虫篭《むしかご》下げて
ぼくらは夏を追いかけた
蝉《せみ》捕《と》り飽《あ》いて水遊び
影も短くなった頃
腹ぺこたちの家からは
素麺《そうめん》すする音がした

井戸水張った盥《たらい》の中に
大きな西瓜《すいか》プカプカと
夕立後《あと》の茜空《あかねぞら》
縁の風鈴涼告げた
何故《なぜ》こんなにも恋しいの
もう戻れないあの夏が

「忙しいと素溜《すだ》まりでも喰いよった。今は作る者も、喰う人らも減ってもうたでな」。三重県四日市市で代々手延素麺《てのべそうめん》作りを続ける、渡邉文夫さん（七一）は、曲がった腰を庇《かば》うように立ち上がった。

戦前の最盛期は、三百五十軒が農閑期に素麺作りを営んだ。二百数十年前、旅の僧が素麺作りを伝えたのが始まりとされる。朝明《あさけ》川清流の辺《ほとり》は、素麺に最適な赤柄《あかがら》小麦の栽培が盛んで、水車製粉の水利も得ていた。特に鈴鹿颪《おろし》の寒風は、素麺を鍛えるに打って付けの気候風土。いつしか農閑期を支える業となった。

文夫さんは中学を上がると農作業の傍《かたわ》ら、十二月から三月にかけて素麺作りの最盛期に、夜を徹して働き詰めた。「素麺を竹の棒に絡めて伸ばすと、そこだけ束んなって固まるもんやでな、『ふしこき』ゆうて、子どもらが手伝ってそれをばらすんさ」。節くれ立った指で作業を真似た。手延素麺は、高さ二メートルほどのハタゴという、上下に竹の棒が刺さる台座に、八の字を描くよう手で伸ばしながら掛

けられる。一本の長さは、四百メートルにも及ぶとか。「塩加減一つやさ。ちょっと暑いと塩を利かせ、寒いと甘くせなかん」。
　作業は二日工程。初日は昼から大きな桶に、小麦を塩水で練り上げる。綿実油《めんじつゆ》を塗り、団子状の生地を大根ほどの棒状に伸ばし、その後小指ほどの太さになるまで紙縒《こよ》り続ける。翌日は、午前二時に起き出して様々な工程を経て、身体を二つ折りにした体勢から、足元の竹の棒に絡めた素麺生地を、立ち上がりながら伸ばす小引き作業を繰り返し、夜明けと同時に乾燥へ。全十三工程、二日間で約二十五時間にも及ぶ。「昔からこんな仕事『手延は親の死に目にも逢えやん』って言われたほどやさ」。それが証拠に、三百五十軒がひしめいた最盛期の姿はどこにもなく、今は十一軒だけが細々と昔を今に伝える。
　夏の涼味を絶やさず、守り続けた半世紀。腰に負担の大きな永年の小引き作業は、老人の姿までも変え果てた。まるで竹の棒に巻き取られ、二つに折れ曲がった「ふしこき」の節のように。

黒七輪職人

庶民の暮らし支えつづける三河の黒七輪（愛知県碧南市）

夕暮れ時の玄関先で
腕白共が団扇《うちわ》を煽《あお》ぐ
豆炭《まめたん》熾《おこ》し母の手伝い
七輪《しちりん》の鍋コトコトと

鍋の湯船で小豆が膨れ
黄金色したザラメも溶ける
白玉浮かぶ母のぜんざい
椀にほんのり甘い湯気

路地を曲がれば、置き去りのままの昭和が広がる。風雪に耐えやや傾いた、薄暗い木造作りの工場から、男は顔を覗《のぞ》かせた。愛知県碧南市で三代に渡り、三河の黒七輪を製造する、杉松製陶・杉浦和徳さん（五三）だ。

「最盛期五十軒はあったらぁ。んでもかん、プロパンの時代になってからは。だもんで儲かれへんで

皆辞めてってまって、もう家《うち》一軒しか残っとらんて」。黒い指先の細かい土を払い落とした。

　三河の黒七輪は、昭和が四〇年代を刻み始めるまで、炊事場になくてはならない脇役として重宝がられた。七輪は白い珪藻土《けいそうど》で作られるものと、瓦に用いる三河土で作られる黒とがある。白七輪は熱に強い反面、衝撃に弱く、中央に巻く真鍮《しんちゅう》ベルトが特徴。黒七輪は二重構造で、珪藻土の内釜を三河土の外釜がしっかりと取り囲む。「わしら、バンドせんことが、誇りやっただぁ。この黒七輪は、海沿いの町でようけえ使われとる。白はバンドが汐《しお》で錆《さ》びるらぁ、んだで汐に当らん内陸が主だらぁ」。和徳さんは三〇年連添う恋女房に同意を求めた。妻・さだえさん（五三）がことりとうなずいた。

　七輪作りは、安城産の三河土を土練機《どれんき》に半日かけ、石膏型で形成し天日干しへ。手頃な乾き加減の内に

面取りを施し、黒七輪最大の特徴である風窓《かざまど》を切る。団扇《うちわ》で風を送る小窓だ。形成された外釜に角度を変えながら切り込みを入れ、長方形の窓枠の半分を切り取り除き、残りの半分を風窓の引き戸とする。巧みな鎌形の小刀捌《さば》きだ。「乾き切ってもかんし、柔らかいまんまでもかん」。乾き切ったら、黒鉛を塗って那智石で七輪の上部を磨く。だるま釜に二日間入れ燃成《しょうせい》。最後の火を落とした瞬間に、秘伝の松脂《まつやに》を入れ釜を密封。すると艶消しの黒光りした、三河の黒七輪がこの世に産声を上げる。

「一銭より安い七厘で買えた」。それが転じたとか。サナと呼ばれる炭を浮かす受け皿に、七つの穴が開いていたからとか。一回の煮炊きに要する燃料が、七厘で賄《まかな》えたからとか、七輪の由来は諸説様々。それだけ庶民の暮らしを支え続けた、古来からの燃焼器具だった。

夕餉《ゆうげ》の手伝い。団扇片手に豆炭を熾《おこ》した日々が懐かしい。昭和の名残がまた一つ、確かな速度で遠のいて逝《ゆ》く。

摺込師

岐阜提灯　手間惜しみなく幾層にも色重ね　（岐阜県岐阜市）

病の床を抜け出して
長良の鵜飼訪ねたい
母の小さな願いさえ
叶《かな》うことなく四季は逝《ゆ》く
松明《たいまつ》燈《とも》す庭先で
茄子《なすび》の馬が母を乗せ
違《たが》うことなく連れ来《きた》る
初の迎え火岐阜提灯

「微妙な色が一つずつ入るたび、長良の流れと木々の色合いも深まる。その何とも言えん途中経過が好きやった」。岐阜市加野の岐阜提灯摺込師《ちょうちんすりこみし》・稲見繁武さん（六九）は、実直そうにはにかんだ。

中学を上るとすぐ鉄工所に入社。しかしわずか一年後に倒産。知人の勧めもあり、提灯摺込師の元で修業を始めた。「明けても暮れても顔料を乳鉢《にゅうばち》で磨《す》りからかして、型紙切りを覚えるまでに五～六年はかかったもんやて」。八～九色の顔料を親方が調合。「色の作り方をこそっと盗み見るんやて」。一端《いっぱし》の摺込師として認められるまでには七～八年が費やされた。

やっと腕に覚えが付き始めた昭和三五年（一九六〇）、愛妻・緑さん（七二）が嫁いだ。「友達の紹介やったけど、あんまり覚えないんやて」。照れ臭そうに妻に助け舟を求めた。「どんな仕事しとるかもわからんのに、お父さんの誠実さに惹《ひ》かれたんやて。学者で気難しい父も『この人なら間違いない』って太鼓判押したほどやで」。市内の安アパートで、新婚生活が始まった。「六年後に独立するで」と緑さんへの宣言がプロポーズ代わり。緑さんは洋裁の注文をこなし、安月給の夫を支えながら子育てに追わ

れた。

昭和四二年（一九六七）、子供の入学に合わせ、あの日の約束を果して独立。「まああの頃は、忙して忙して。朝は八時から夜中まで働き詰やったて」。源氏絵の雅《みやび》やかな図柄が摺込まれた一枚の作品を広げた。「これは百二十手かかっとるんやて」。摺込師は、絵師が色付けた絵を見ながら、色の数だけ百二十枚の伊勢型紙を彫り込む。この細かな作業に丸四日。見本付けに二日。完成までに一週間が、惜しみなく注ぎ込まれる。「やっぱり印刷では出せんのやて。薄い和紙に、何度も重ねて摺込むんだで、色が浮き立って来るんや」。上品で控えめな色彩が、岐阜の美しい四季の絵柄を一層引き立てる。売れに売れた時代は、バブルの終焉《しゅうえん》と同時に幕引きを迎えた。「毎日コツコツと。一生こんだけの仕事やて。ようやって来たねえ」。苦笑いを妻に向けた。「真面目一筋で、私にはもったいない人やて」。

金《かね》の草鞋《わらじ》で手に入れた、姉さん女房の言葉は、ひたむきに生き抜いた老職人への、何よりの誉れとなった。

旅籠女将

老舗ゆえ縁は筋書き "運命の赤い糸" メデ鯛屋（三重県松阪市）

叩《たた》き打水涼を呼ぶ
疲れし旅の癒《いや》し水
女将の声につい釣られ
不意に口付くただいまと

おかげまいりの賑《にぎ》わいを
偲《しの》ぶ日野町宮街道
草鞋《わらじ》の替えを振舞《ふるまい》て
お陰様でと掌《て》を合わす

「私結婚式の前日まで、夫を『お兄ちゃん』って呼んでたんやさ」。三重県松阪市で文化年間（一八〇四〜一八一八）創業の旅籠《はたご》、鯛屋《たいや》旅館・十代目女将の前川《まえがわ》廣子さん（六六）は、帳場で上品に笑った。

　東京に生まれた廣子さんは、強制疎開で母の在所松阪へ。遠縁に当たる鯛屋の、やがて夫となるお兄ちゃんに可愛がられた。小学一年の年に東京へ。母が教える文化服装学院へと通った。

「先代の大女将にえらい気に入られ『廣ちゃんを誰かに取られんように』ゆうて、ジャズに目がないお兄ちゃんを上京さしたんやて。二人してようベニー・グッドマンとか聴きに行ったもんやさ。そのうち知らんとる間に『この人とやって行くんやろうな』って思とったんやでな」。ついに大女将は、廣子さんの母に「娘として嫁に貰《もら》えんやろか」と懇願した。

　廣子さんはわずか十九歳で鯛屋の嫁となった。「着物も自分でよう着れやんと。案山子《かかし》みたいに、両手広げてつっ立っとんやさ。後はみんな仲居さんが着せてくれるんやでな」。

　名立たる歴代女将に負けじと、一男一女の母として、また若女将として「毎日が宴会」とばかりに、高度経済成長期を駆け抜けた。大女将は「廣ちゃん、息子の嫁はあんたの身内からもろといでや。安気に商売続けるコツやで」と、言い残し一三年前に他界。

それから半年後長男が、画家である叔父の個展に、お祝いを持って上京した。受付を手伝う遠縁の裕子さん（三九）と二十数年ぶりの再会へ。運命の歯車が、ゆっくりと動き始めた。

しばらく後に裕子さんは、初めて松阪の地を踏んだ。三泊に及ぶ廣子さんの長男との伊勢志摩巡り。和田金で贅《ぜい》を尽くした最後の晩餐《ばんさん》。廣子さんは紬《つむぎ》の着物で正装し、おもむろに切り出した。「裕子ちゃん、考えてくれたんでしょうね」と。「『しまった！』だってもうお肉食べた後でしょう」と、若女将の裕子さん。運命の赤い糸は、女将の廣子さん・長男である若旦那《わかだんな》・若女将の裕子さん、それぞれの思惑で描かれたシナリオを見事に一つの見せ場に紙縒《こよ》り上げた。

「大女将に半分、旦那に半分惚《ほ》れて」と、廣子さん。「私も」と、傍《かたわ》らで若女将の裕子さん。何はともあれメデ鯛屋。

あとがき

二〇〇二年春、岡田稔さんから、こんな企画を考えているので一緒にやりませんか、とお誘いを受けたのがはじまりで、こうして出版するはこびとなったこと、うれしく思う。

岡田さんと僕が、ご挨拶をして取材は始まるのですが、二人ともフリーのライターとイラストレーター、名刺には取材元の新聞社の名前など、どこにも見当たらない。最初は、見本紙もないので、これまた怪しい。中には同じような取材で請求書と本がドカンと送られてきたケースもあったという。取材がはじまって会話が続くと、取材されている方々の顔に笑いが見えたり隠れたりしだす。そうしだしたら、それは天職人たちの本当の意味でのOKサイン、そこからはいろんな想い出がノートに書きうつせないほどのスピードや量で岡田さんに襲いかかったりもした。

そんな風景を楽しみながら、いい顔になった天職人たちの写真を撮らせていただく。長い時間かかって完成に近づく顔は、どの顔も魅力がある。年は重ねても心の中に少年少女が生きつづけている。こんな大人でありたい。

茶畑　和也

ある時、取材先のおじいさんが「人は一歳年をとるごとに徳を一つもらう」といっていたが、岡田さんと僕はこんな人々の人生のお話を聞けるのだから、一度に何十徳もいただいているような気がする。お金だけでは計れない大切なものも見せていただいた。

昭和に生きた人々の智慧はすごい。もっともっと後の時代の人々に、こんな形で天職人を伝えられることがうれしい。そして百人の天職一芸の取材を引き受けてくださった方々、本当にありがとうございました。

最後に、この連載のきっかけをくださった毎日新聞社小林哲夫氏並び出版にご尽力くださった方々に、この場を借りてお礼を申し上げます。

ありがとうございました。

「天職一芸」（毎日新聞中部本社版連載）掲載年月日一覧

郷土玩具職人 （平成一四年五月一四日掲載）
魚篭職人 （平成一四年五月二一日掲載）
鰤燻製職人 （平成一四年五月二八日掲載）
津島あかだ （平成一四年六月四日掲載）
旅館女将 （平成一四年六月一一日掲載）
牛飼い （平成一四年六月一八日掲載）
七宝釉挿し職人 （平成一四年六月二五日掲載）
鵜匠の家女将 （平成一四年七月二日掲載）
塗師 （平成一四年七月九日掲載）
雲孫の菓子匠 （平成一四年七月一六日掲載）
鍛冶屋 （平成一四年七月二三日掲載）
鋳物師 （平成一四年七月三〇日掲載）
硯刻師 （平成一四年八月六日掲載）
煎餅職人 （平成一四年八月二〇日掲載）
山部 （平成一四年八月二七日掲載）
石工 （平成一四年九月三日掲載）
豆菓子匠 （平成一四年九月一〇日掲載）
団扇貼り立て職人 （平成一四年九月一七日掲載）
髭文字手刷り師 （平成一四年九月二四日掲載）
笛師 （平成一四年一〇月一日掲載）
伊勢根付木彫師 （平成一四年一〇月八日掲載）
畳刺し （平成一四年一〇月二九日掲載）
女板長 （平成一四年一一月五日掲載）
浅沓司 （平成一四年一一月一二日掲載）
提琴師 （平成一四年一一月一九日掲載）
連柿農夫 （平成一四年一一月二六日掲載）
縁起玩具職人 （平成一四年一二月三日掲載）
瓦師 （平成一四年一二月一〇日掲載）
散髪師 （平成一四年一二月一七日掲載）
味噌蔵人 （平成一四年一二月二四日掲載）
漆喰鏝絵師 （平成一五年一月七日掲載）
花街芸者 （平成一五年一月一四日掲載）
髪結 （平成一五年一月二八日掲載）
庭師 （平成一五年二月四日掲載）
宮大工 （平成一五年二月一一日掲載）
老海女 （平成一五年二月一八日掲載）
離島医師 （平成一五年二月二五日掲載）
獅子頭彫刻師 （平成一五年三月四日掲載）
麩職人 （平成一五年三月一一日掲載）
風呂屋女将 （平成一五年三月一八日掲載）
産婆 （平成一五年三月二五日掲載）
神棚指物師 （平成一五年四月一日掲載）
簾職人 （平成一五年四月八日掲載）
洋服仕立職人 （平成一五年四月一五日掲載）
珈琲職人 （平成一五年四月二二日掲載）
蒲鉾職人 （平成一五年四月二九日掲載）
質屋 （平成一五年五月一三日掲載）
筆師 （平成一五年五月二〇日掲載）
船番匠 （平成一五年五月二七日掲載）
活版屋 （平成一五年六月三日掲載）

眼鏡士　（平成一五年六月一〇日掲載）
薬師　（平成一五年六月一七日掲載）
表具師　（平成一五年六月二四日掲載）
飴職人　（平成一五年七月一日掲載）
萬屋　（平成一五年七月八日掲載）
漁網職人　（平成一五年七月一五日掲載）
和傘貼師　（平成一五年七月二二日掲載）
ラムネ職人　（平成一五年七月二九日掲載）
蒟蒻職人　（平成一五年八月五日掲載）
猟師　（平成一五年八月一九日掲載）
寫眞師　（平成一五年八月二六日掲載）
箔押　（平成一五年九月二日掲載）
町火消し　（平成一五年九月九日掲載）
紺屋　（平成一五年九月二三日掲載）
粕漬職人　（平成一五年九月三〇日掲載）
紙漉き簀編師　（平成一五年一〇月七日掲載）
灯台守　（平成一五年一〇月二一日掲載）
木地師　（平成一五年一〇月二八日掲載）
筆軸木管師　（平成一五年一一月八日掲載）
伊勢うどん職人　（平成一五年一一月一五日掲載）
寄席芸人　（平成一五年一一月二二日掲載）
切花職人　（平成一五年一一月二九日掲載）
海女眼鏡職人　（平成一五年一二月六日掲載）
女釘師　（平成一五年一二月一三日掲載）
竿師　（平成一五年一二月二〇日掲載）
真珠養殖　（平成一五年一二月二七日掲載）

潜水夫　（平成一六年一月一〇日掲載）
桐箪笥職人　（平成一六年一月一七日掲載）
蒸饅頭職人　（平成一六年一月二四日掲載）
三味線皮張師　（平成一六年一月三一日掲載）
村の駐在さん　（平成一六年二月七日掲載）
削り節職人　（平成一六年二月一四日掲載）
布団綿入れ職人　（平成一六年二月二一日掲載）
雛鑑別師　（平成一六年二月二八日掲載）
駅弁屋　（平成一六年三月六日掲載）
金物屋　（平成一六年三月一三日掲載）
渡しの船頭　（平成一六年三月二〇日掲載）
仏師　（平成一六年三月二七日掲載）
飴細工職人　（平成一六年四月三日掲載）
紙芝居師　（平成一六年四月一〇日掲載）
時計職人　（平成一六年四月一七日掲載）
染抜師　（平成一六年四月二四日掲載）
料亭花板　（平成一六年五月一日掲載）
炭焼き煎餅職人　（平成一六年五月八日掲載）
家造り請負人　（平成一六年五月一五日掲載）
玉突き屋　（平成一六年五月二二日掲載）
手延素麺職人　（平成一六年五月二九日掲載）
黒七輪職人　（平成一六年六月五日掲載）
摺込師　（平成一六年六月一二日掲載）
旅籠女将　（平成一六年六月一九日掲載）

岡田　稔（おかだ　みのる）
1957年、名古屋市生まれ。フリーライター。
イベントなどの企画プロデュースを手掛け、1992年には豊橋総合動植物公園開園記念事業をプロデュース。ニュージーランドで絶滅に瀕する飛べない鳥カカポを保護する、ニュージーランド自然保護省のカカポチームの初来日と、カカポの剥製の初上陸、そしてオークランドと豊橋の動物園を国際衛星放送で中継し、両国の子供たちによるカカポと仏法僧（コノハズク）のためのコンサートを実現。1995年、ＮＨＫ「生き物地球紀行」“珍鳥カカポが茂みに潜む”のオーガナイズを担当。現在、毎日新聞中部本社版に「天職一芸」、「くりぱる～素描漫遊譚」を連載中。
著書　『カカポのてがみ』
（イラスト・茶畑和也／毎日新聞中部本社）等

茶畑　和也（ちゃばた　かずや）
1955年、高知県生まれ。イラストレーター。
1980年、渡仏「アトリエ17」Ｗ・ヘイターに師事。86年、朝日広告部門賞受賞。以後、雑誌、新聞、広告の幅広いジャンルで活動。2004年には東京・名古屋にて約30回の個展を開催。
著書　『貧乏画家の巴里絵日記』（求龍堂）
『カカポの手紙』（岡田稔・著／毎日新聞中部本社）
『さやかのふしぎな六日間』（堀内純子・著／理論社）
『おつかれねずみ西部へゆく』
（ジェイムズ・マーシャル・著／偕成社）等

装幀◎夫馬デザイン事務所

百人の天職一芸

2004年11月12日　第１刷発行　　（定価はカバーに表示してあります）

著　者　岡田　稔
茶畑　和也

発行者　稲垣喜代志

発行所　名古屋市中区上前津2-9-14　久野ビル
振替00880-5-5616　電話052-331-0008
http://www.fubaisha.com/
風媒社

乱丁本・落丁本はお取り替えいたします。　＊印刷・製本／チューエツ
ISBN4-8331-3140-4